U0013749

情緒寄生

與自我和解的 34 則情感教育

許皓宜／著

「中間分子」的力量

張曼娟（作家）

認識皓宜是因為她的創作《與父母和解，療癒每段關係裡的不完美》，起初是在廣播裡的訪問，相談甚歡，爾後我便邀請她成為節目的固定來賓。我們聊社會事件，聊電影，挖掘那些顯而易見或幽微潛藏的心理層面，皓宜擅長用淺顯易懂的故事解釋、驗證與說明，而最讓我樂此不疲的，是她的坦誠與率真。

廣播裡的初次訪問，她談到童年回憶、對父母的期待、挫折與失落，幾度淚濕眼眶。雖然已是一位成年女子，擁有專業與事業，為人妻也為人母，某些瞬間流露出的脆弱和困惑，卻那麼真實，深深打動我。這是一個不虛飾也不矯情，勇敢面對自己生命的女子啊。

從二〇一五年到現在，我們成了很有默契的廣播夥伴，她的女兒在小學堂上課，我們也成了家長與老師的關係。常常，我默默觀察著她女兒的神情樣貌，也與來接外孫女的皓宜媽媽笑著打招呼。起初，女兒很安靜、害羞、緊繃、不太說話，如今，她和同學們開懷大笑，與老師講話時毫無生澀感，她能寫出細膩感人的文章，整個人閃閃發亮。如果一個孩子發生了改變，最大因素應該就是家庭改變了。

讀著皓宜的《情緒寄生》新書稿，看見她回憶帶著孩子去高美濕地遊玩，女兒卻被沙灘上難以計數的招潮蟹嚇得大聲哭鬧，皓宜抱起女兒，不斷自問，是什麼讓她怕成這樣？是什麼讓她如此不安？她沒有用父母慣常的制止方式，喝斥孩子：「不准哭！有什麼好怕的？」而是省視自己在婚姻中與另一半的反覆爭執、暴怒爭吵，夾在兩個最親愛的大人間，不知所措的孩子，該有多麼驚惶痛苦啊。皓宜寫道：「自從在高美濕地上發現女兒內在的不安後，我就努力學習超越自己既有的經驗與習慣。首先，是戒掉責罵孩子的壞毛病，然後多費點心思去修復與伴侶間的關係、與父母的關係。」家裡的氣氛不同了，孩子的笑容燦爛了。從那時開始，皓宜「接住」了女兒，也「接住」了自己。

我們總渴望著往下墜落時，能被人牢牢接住；我們一生的苦惱或憂傷，或許就是找不到那個可以接住自己的人。假若小時候我們渴望被父母接住，這期待總是落空，而後我們成年，父母老了，他們渴望被接住，我們有能力伸出雙臂嗎？皓宜整理了「面對逐漸老去的父母，八件不要做的事」，像是「不要把父母的酸言酸語聽進心裡去」、「不要想改變他們的生活習慣」、「不要要求他們像個成熟的長輩」、「不要輕易看不起他愛你的方式」……，總而言之，就是要在他們墜落時，練習將他們接住。

接住父母比接住兒女更加不易，因為，孩子受傷是我們造成的，我們受傷卻是父母造成的，我們只能一次又一次地練習，練出臂力、練出耐力，也練出慈悲力。

上有父母、下有兒女的「中間分子」，是最辛苦的，卻也是最能有所作為的。皓宜的身體力行，讓我們看見擺脫往昔、創造未來的力量。

推薦序

和心理學做好朋友

趙文滔（國立台北教育大學心理與諮商學系教授、家庭治療師）

做為心理學家，我一直堅信心理學是人一生健全發展、追求幸福的必備知識與能力，應該受到重視。可惜我國現行教育制度，從小學到大學，心理學仍是聊備一格的點綴，綜藝節目的話題。

當今社會節奏越來越快，壓力越來越高，許多人希望多了解情緒，但多數心理學家都像我，口拙筆澀，不擅長把心理學之美介紹給大眾。其實，能讓充滿拗口術語的心理學變得簡潔易懂，不是件簡單的事。皓宜恰好有這種天賦。

皓宜是我認識的朋友中，擅長以深入淺出的方式，介紹心理學給大眾的神人級心理學家。

她才思敏捷，寫作速度又快，令爬文如蝸牛的我羨慕得要命。她的文字也逐年進化，越來越自由，生活經驗信手捻來，寫案主、寫學生、寫讀者、寫家人，也寫自己的故事，令人一讀便停不下來。

在這些看似隨興的故事背後，我看到的是皓宜這些年來在精神分析下的功夫。她把原本令人望而生畏的各種精神分析語言，用一個個言簡意賅的故事，讓讀者不再被專業術語欺負，而能和心理學做好朋友。

心理學如果只能在學術圈高談闊論，頂多只是一種死物；要能接通生命，普渡眾生，才是活學問、真知識。皓宜說的心理學，總是這麼進入人間，在生活日常中，準備接受真實人生的考驗。

透過故事，皓宜把三十四種情緒的效應清楚道來。希望讀者讀後，能對自己的生活、遭遇的困境，產生一番不同的體會。

推薦序

溫暖看待這個世界的眼光

御姊愛（作家）

生命裡有許多情緒上的難關，其實是自己饒不了自己。皓宜透過溫暖的文字和理性的分析，將各種寄生在人們身上隱而未顯的「情緒原」一一挑了出來。我特別喜歡其中一篇〈刺蝟效應〉，「相愛的刺蝟想要靠在一起取暖，可是靠得太近，就會被對方身上的刺弄傷，只好不斷地挪移位置」，而那樣的挪移，不就是一種愛嗎？

我和皓宜相熟，特別敬佩她溫暖看待這個世界的眼光，當大家不停地宣稱自己如何被家人「情緒勒索」時，她卻說，那樣的勒索裡面，其實佔了很多愛的成分，只不過善意被錯誤表達，於是大家都受傷了。

或許我們每個人身上都帶有一些自己所不自知的盲點，讓人生的路途走起來總是在同一個地方跌跤。這本《情緒寄生》，或許能夠幫助你用另一個角度，重新認識自己。

推薦序

不只是陪伴，是明白的指引

艾莉（作家）

皓宜妹妹，我喜歡這樣叫她。在我印象中，她總是一雙專注的眼神，仔細聆聽，像是可以收下你所有的煩惱，仔仔細細抽絲剝繭出你的困惑。她寫書寫得很勤，有幾本書艱深到讓我頭疼（笑），卻不影響暢銷的程度。我想那是因為大家對她的信任與依賴。

這次她在新書《情緒寄生》裡，簡簡單單以說故事的方式，再次交出了陪伴的心意。在每一則可能是你、也可能是我的故事裡，分析著困擾你我的情緒是什麼。她不只是分析，不只是陪伴，不是冷冰冰地用一些專業的心理學學說崩解我們，她還要告訴你，面對這些情緒時，到底應該怎麼辦。更重要的是，她也在每一則故事當中，提醒了我們同理心、設身處地的必要。

如果現在的你，需要的不只是理解，更需要明白的指引，皓宜妹妹絕對可以陪伴現在的你。

推薦序

我們求生存的一種方式

海苔熊（科普心理作家）

我終於看完皓宜老師的書了，有點惆悵。用「終於」是因為，儘管每天只能擠出實習的一些零碎時間來看一篇兩篇，也還是覺得獲益良多；用「惆悵」是因為，這一個月來，我幾乎每天都帶著這本書跑來跑去，在閱讀的時候想著怎樣才能趕快看完，但真正翻到最後一篇，又有一種「可惡，怎麼竟然沒有了！」的感覺。

在看這本書的過程當中，讓我認識了一個不一樣的皓宜，三十幾篇故事，有一半以上都是關於她的，雖然書中案例各不相屬，但又有一種隱約的連貫在其中穿針引線。能夠坦白說出自己內心的轉折，真的是一種很不容易的勇敢。

書裡運用很多的「效應」當小標籤，同時也是一本探究心理動力的故事集，我覺得這種做法很好，一方面讓那些「想知道自己到底怎麼了」的人，有一個解釋的空間；另一方面，也讓那些「知道自己得了什麼病」的人，暫時安住在這個標籤裡面。一邊看，一邊覺得裡面有好多讓我歎為觀止的句子，也湧現很多想法，思緒停不下來。為了安頓這些腦袋裡的文字，只好拿出筆來寫一點東西，越寫越覺得有些什麼滲入心坎裡。

「沒有當夠小孩的人，也常常當不好一個大人。」

「遮掩並不是要把自己藏起來，而是讓自己有活下去的動力。」

「只有當你也在意我時，你才會被我的情緒寄生。」……

在讀這本書的時候，我經常問自己到底要不要看破幻想，但讀到後來我發現，不論是幻想或現實，都只不過是我們求生存的一種方式。

我們生來都是孤獨的人，為了抵抗這個孤獨，有些人選擇否認，有些人選擇寄生，有些人反覆地壓抑自己，有些人不知不覺地傷害別人；我們時而活在過去的幻想，時而活在未來渺茫的渴望，為了被聽見而武裝，為了被照顧而自傷，如此矛盾又糾結的執迷，其實只是想要在種種的防衛當中，找到一點點的喘息。

然後隨著年紀，隨著各種生命的經歷，我們慢慢開始累積勇氣，長成更一致的自己。

目錄

Part 2 情緒，在人我之間

Part 3 情緒，一個好不容易生存下來的我自己

Part 4 情緒，感受並持續活著

自序

擺脫情緒寄生，找到好好活著的理由

我們一生都在和自己的情緒搏鬥。

情緒憤怒時，得要控制自己，不要傷到所愛的人。

情緒低落時，要想盡辦法走出谷底，尋找好好活著的理由。

很多時候，情緒積累在心中，如影隨形的感覺，像胸口著了一團火，卻沒有人可以看得見。

沒有人可以代替別人理解，這種與自我情緒共存的孤獨。

情緒在每個人身上，都以一種獨特的形式存在，卻依著各種千奇百怪的模樣，影響我們的人生。你、我，你們和我們，皆是如此。

深刻地愛著，卻無法感受被愛

初入心理諮商的第一年，身為大學生們的輔導老師，我在會談室中，卻時常因為聽到對方的生命故事，而忍不住要落下眼淚。某天，一位女大生見狀，忍不住問我：「老師，我的故事是不是真的那麼可憐？」這個問題啟發了我，打從心裡體驗到，原來透過別人的故事，擾動的竟是我們心底，自以為早已遺忘的情結。

於是我投向深度心理治療，心裡想著，要陪伴那些不曾被父母好好對待過的孩子，可以鳴發出隱藏內心的不平之音。然而，很快我就發現，那些不曾好好對待孩子的父母，大多也有著令人心碎的童年，或無法言說的婚姻困境。

我看著父母與孩子，丈夫與妻子，在各自的立場上，深刻地愛著，卻無法感受被愛而痛苦且掙扎著。我突然發現，原來我們所處的世界，竟是如此用力地要將是非對錯截然劃分，好像非得找到明確的黑與白，人們才能給予自己一個交代：是你對不起我，所以，我終於可以離開你了。

是嗎？那些對不起你的人，你真的能夠離開他了嗎？

那些你對不起的人，你就真的一輩子欠他嗎？

經過這麼多年的臨床工作與自我分析後，我終於明白，不管我們的人生發生什麼，真的都是「命」。

而所謂「認命」，不是叫我們什麼都不做，站在那兒束手就擒，而是實實在在地去「認識」：每一種「命」，都是為了讓我們從中淬鍊出屬於自我的獨特的美好。

那些憤怒與失落、遺憾與憂傷……

我想起曾經有個年輕人告訴我，他從小被媽媽毒打，等他長大以後，對母親非常怨恨，覺得自己童年遭受虐待，所以一直活得不快樂。

如果用「好壞」來形容這段往事，我們或許很快就能下判斷說：這真是一個壞透了的母親，和一個好可憐的小孩。

但是，若我們再仔細想想，就會發現這個年輕孩子之所以痛苦，其實是因為他不理解，為何媽媽要這麼殘忍地對待自己？

那麼，這個媽媽到底幹嘛這樣虐待自己的孩子呢？

年輕人想了又想，開始談起父母剛結婚時的往事：爸爸的家庭非常傳統，所以媽媽婚後的處境並不好過，有時煮飯不如婆婆的意，就被婆婆在眾人面前斥責；並且因為是和許多親戚住在一起的大家庭，媽媽洗澡時常會聽到小叔們就站在浴室門口談天說笑。他說，母親活得十分壓抑，沒有自己的生存空間。

能夠談到這裡，對年輕人來說，雖然「媽媽為何要毒打我」仍是未理解的事，但他卻逐漸體會到，「媽媽嫁給爸爸後生活過得很辛苦」。

於是我不斷邀請這位年輕人更積極去聯想：這些盤旋在他腦海中的未知和已知，彼此之間可能有什麼樣的關連和意義？

某天，年輕人告訴我：或許媽媽結婚以後，心裡也受了很多委屈，所以讓她沒辦法扮演好一個慈母的角色，以致把氣都出在孩子身上，變成一個會毒打孩子的媽媽。

過一段時間後，年輕人又告訴我：一個在傳統家庭中，既陌生又無法適應環境的母親，心裡想必有很多無助，雖然她真的不應該這樣毒打小孩，但也或許透過這樣的行為，讓她有了發洩情緒的管道，才得以好好地活到現在。

年輕人為他曾經被打、被虐待的童年，找出一項非常重要的生命意義：或許，這件發生在他生命中的「壞事」，卻讓一個在傳統家庭中地位卑微的女性，可以因此而「活了下來」。

我們誰能保證，如果當年的他得在「媽媽活著」和「媽媽不要打我」之間，硬要做一個選擇的話，他一定會選擇「媽媽不要打我」呢？

為自己的「命」找到一個能夠安放的「意義」之後，困擾年輕人多年的痛苦，終於轉變成一股淡淡的哀傷，存放在他內心的記憶盒子裡，而他則是拿起那些因不愉快童年所長出的獨立與堅強，勇敢地面對他未來的人生。

原來，「情緒」對我們的生命而言，是如此重要的存在，透過那些憤怒與失落、遺憾與憂傷，我們才得以認識自己潛在的力量。

人，唯有更懂得覺察自我，才能學習「好好活著」。

懂得如何選擇，懂得活出自由

這本書之所以命名為《情緒寄生》，是因為我在多年臨床工作中發現，當自我的覺察力開啟時，與「人」有關的回憶，會一點一滴地從我們內心深處浮現出來，而覺察力開啟的早期，我們的關注點很容易放在「為何他要這麼對待我」的執著上，最後讓自己陷入更深的痛苦，或是更無力的關係糾葛中——我將這種心理機制，統一命名為「情緒寄生」的現象。如此一來，我們便容易忽略「我為何讓他這麼對待我」的思考，長久下來，雖然覺察力開啟，卻搞錯了方向，反而讓我們的生活更感到挫折。

在《情緒寄生》這本書中，從「自我覺察」開始，到「人我關係」、「問題解決」，透過相關的心理學理論脈絡，整理了三十四個情緒效應，以及我自己長時間接受精神分析治療後，重新理解過的生命故事。之所以用「情緒效應」來形容這些概念，目的在於讓讀者不要執著於心理學理論的學習上，而是能進一步去思考，這些心理機制對我們生命的震盪與影響。在書裡頭，除了我自己身上所發生的事與真實情境相符，其餘人物故事皆已經過大幅改寫。

我的人生，有我與他人發生的恩怨，我想，你們身上也有你們與他人發生的。對我而言，整理過往不是為了重提傷害，而是讓自己更懂得如何選擇，更懂得活出自由。

以一個過來人的經驗，我想說的是：不管你的人生遇過多少鳥事，等到你對它們有了不同層次的懂得，你就重新獲得自由了。

Part 1

情緒，解讀世界的方式

和情緒對話

哈哈鏡，靠著凹凸不等的鏡面，
聚光與反射，映照出眼前失真的物體。
鑲在你我心頭的那面哈哈鏡，童年時期聚光力最強——
喜的怒的哀的樂的，幸福的與令人不安的感受，
寸寸打磨，變成個人專屬的鏡面弧度。
我們看待世界的情緒基調，由此而生。
扭曲的世界，也因此而生。

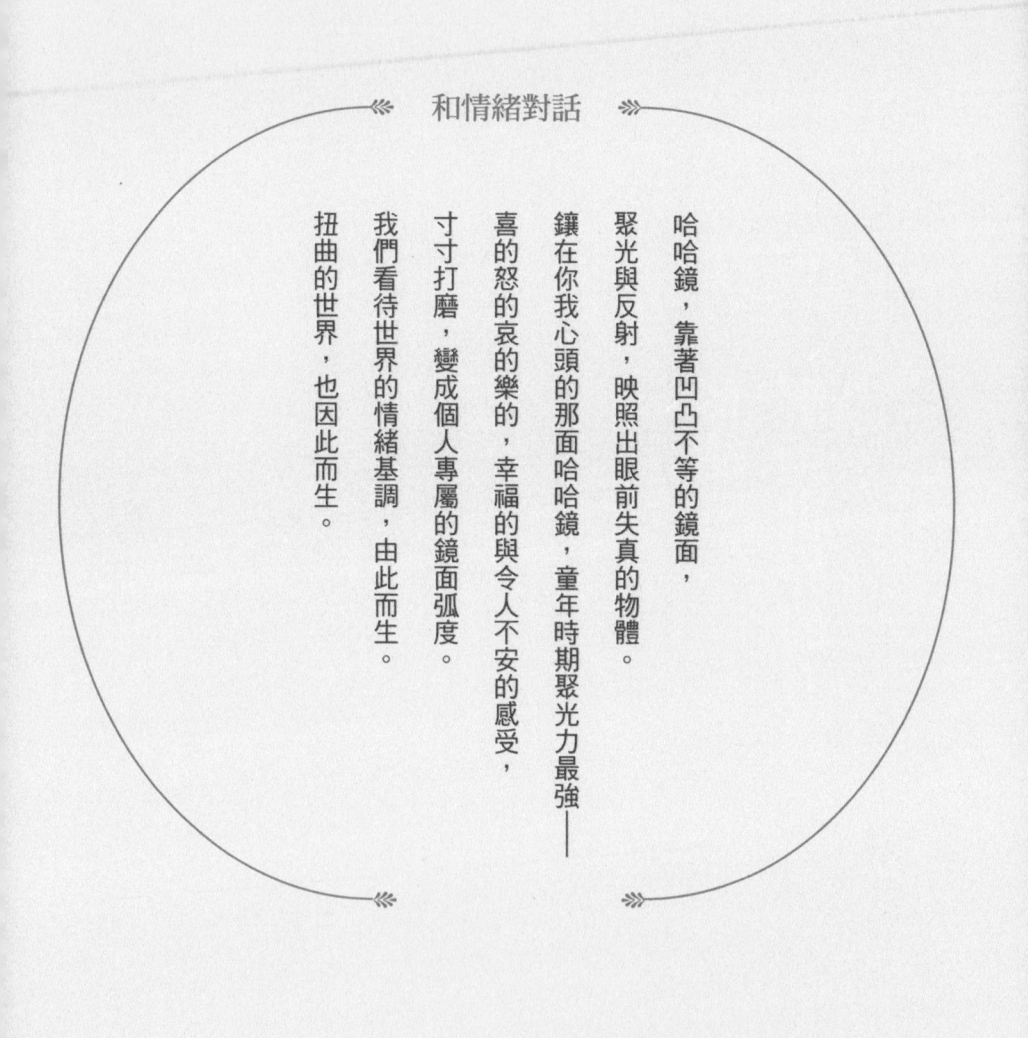

01 哈哈鏡效應

專屬於自我的情感邏輯

聽聞台中高美濕地是野放小孩的好去處，那天，我特地起了個大早，為當時年僅三歲的女兒換上一身輕便，由先生驅車南下，想要趕在夕陽西下前踏上柔軟的沙灘。

高美濕地的奇幻一點也沒讓我失望，陽光折射下來打在海浪上，海水褪去後的泥沙露出一坑一谷的小洞，仔細一看，一隻隻招潮蟹如千萬大軍，背著身上的殼往我方奮力邁進，模樣真是可愛極了。

我興奮地拉著女兒往沙灘奔去，脫光腳丫渴望著與那片生態連結，親愛的招潮蟹啊，這是城市裡頭見不到的風景。

身旁的三歲小娃卻大聲啼哭了起來，精神抖擻的招潮蟹大軍在她眼裡卻如醜惡的鬼怪，她越看那群妖魔向我們逼近，越像個嚇掉魂魄的嬰兒，爬上媽媽這座山峰，擠進我的懷抱，為自己在高處尋找一個安全角落。

女兒這種不同於尋常小孩的反應引我陷入沉思，我知道女兒一向怕生，最早，是從害怕男老師開始，也害怕所有陌生大人，接著我又發現她連陌生小孩也怕。有次我們帶著她和朋友的家庭一塊兒出遊，玩了大半天的一群孩子，行程結束前早就熟稔地湊在一起拍照，只有女兒一人怯生生地躲在我身後。

我從沒想過女兒竟會如此纖細、敏感又脆弱，我時常看她將枕頭一個個左右交疊，圍成一座圓形的孤單城堡，而她瑟縮著身體坐在城堡裡，編織著別人無法理解的心境。

過去那些不曾被好好安撫的情感

女兒在高美濕地上的哭鬧，把我推入一種不知所措的情緒，我理智上的批判力因此陷入疲乏。巧妙地，理智功能低落時，情感上「自我觀察」的條件卻因此形成了。

我首先抱著女兒逃離招潮蟹來襲的陰影，心裡浮現出一股不捨，一句話從深處躍進了我的意識：「是什麼，讓她怕成這樣？」我當然知道女兒初見招潮蟹，難免感到陌生，但她卻沒有如同其他沙灘上的孩子般，對生物感到好奇。於是我問自己：「是什麼，讓她怕成這樣？」

這句話讓我停住腳步，更多意念不斷地闖進腦海。我思想起平常在我面前，冷靜地關在自己孤單城堡裡的女兒，或許心裡其實住著一個如此愴惶不安的小孩。那麼，是什麼讓她變得如此不安？

我心頭的意念繼續奔馳，畫面停留在婚姻一路走來，我與先生曾經歷的反覆爭執。我想起那個夾在兩位狂怒大人中間，不知所措的小女孩，她逐漸長大了，此刻正被我夾緊在臂彎裡，但過去面對父母爭吵的那些時刻，她也像現在這樣害怕嗎？我怎麼努力，也想不起女兒當時的表情，或許是因為當年我們都困在自己的情緒裡，根本忽略了該去關注孩子的反應。

想到這裡，我突然理解了女兒猛烈來襲的哭鬧，其實只是過去那些不曾被好好安撫的情感，在某些陌生不安的情境下，被不當地（毫無邏輯地）引發罷了！每個人的心裡都有一面哈哈鏡，因過往的喜怒哀樂而不規則地反射與聚焦，形成專屬於自我的情感邏輯：內在是快樂的，世界就呈現歡樂；內心是不安的，世界就反射出不安的模樣。

我不禁加重了擁抱女兒的力道，不想浪費時間深鎖眉頭，質問女兒到底為什麼哭，也不想耗費力氣自我鞭笞，為那些自動浮出的畫面來責備自己。我可以選擇用母親角色的批判性，來壓抑小孩不准出現這種不合邏輯的情緒反應，也可以選擇用母性的涵容面，來回應這一切。

我時常在想，如果當時我的選擇是如過往般，大聲地告訴女兒：「不准哭！」事情又會如何呢？

「打斷它」或「聽下去」，你的選擇會是？

「面對這種狀況，即便父母說『不准哭』，也可以理解吧？」

親職講座上，我和一群父母談起這件往事。一位擁有烏黑長髮、戴著黑框眼鏡的女性朋友發表了她的意見，空間裡的人群開始吵雜起來，許多父母表態自己也是「不准哭」這個招數的使用者，理由不外乎是：「說『不准哭』，往往比『安慰』還要有用。」

「是啊！因為我們小時候也是用『不准哭』這句話給教大的。」

氣氛凝結在這一刻，突然有人長長地嘆了一口氣，一時之間，唉聲嘆氣此起彼每個人的心裡都有一面哈哈鏡，內在是快樂的，世界就呈現歡樂；
內心是不安的，世界就反射出不安的模樣。

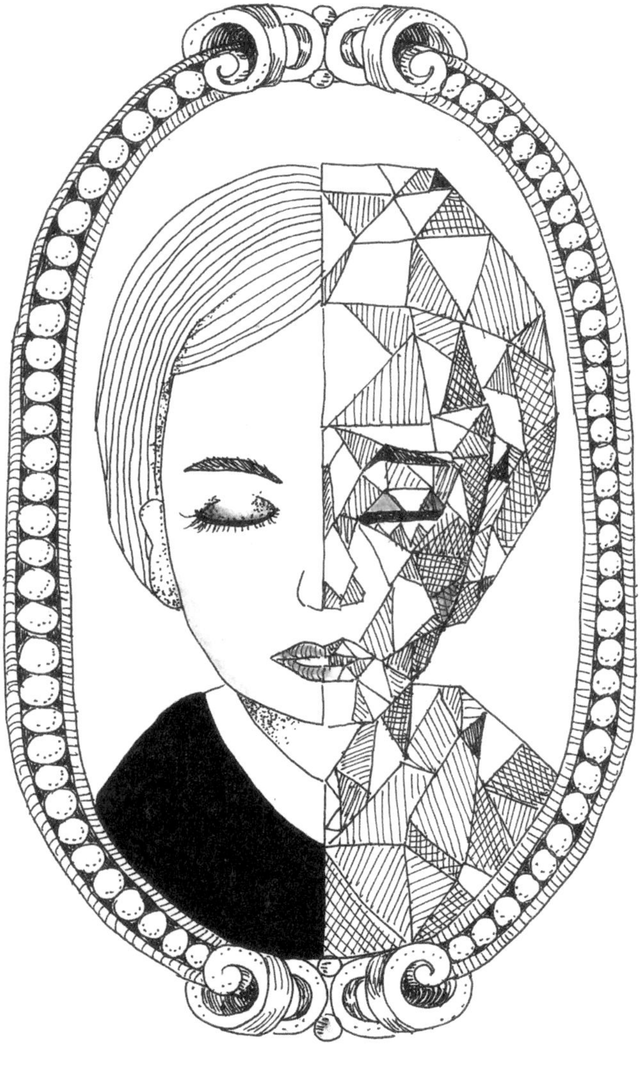

落。是啊，面對眼前出現一位情感橫流的人，母性的掙扎人皆有之，所能選擇的不過是「打斷它」或「聽下去」而已，而卡在中間衡量的那把尺度來源有二：一是我和此人的關係，二是我和自己的關係、和過去的關係。

生命最困難的議題，莫過於如何超越既有的關係、既有的假設、既有的經驗，重新創造新的感受、新的可能和新的相信。

自從在高美濕地上發現女兒內在的不安後，我就努力學習超越自己既有的經驗與習慣。

首先，是戒掉責罵（打）孩子的壞毛病，然後多費點心思去修復與伴侶之間的關係、與父母的關係。於是家裡的氣氛，在家人的共識下，以蝸牛慢爬的速度往正向發展，果然，女兒焦慮不安的症狀也逐漸獲得改善——她原本是個指甲都要摳得光禿禿的神經質小孩，直到九歲那年，我終於首度看見她五根手指頭的上緣，開始長出一截白白的指甲。

當然，她也終於能在佈滿招潮蟹的海灘上，赤腳奔跑。

【哈哈鏡效應】

我們看待這個世界的眼光，都是我們心裡情緒基調的投射。

精神分析創始人佛洛伊德（Sigmund Freud），曾經提出「投射」這個概念，後代學者普遍認為，這是一種把自己內在的東西投影到別人身上的傾向。

這裡提到的「哈哈鏡效應」，雖然有把內心世界向外投射的意涵，但更著重在人們內在「情緒基調」的投射，將影響我們看待世界的角度。

和情緒對話

世界的中心是我，
我的眼睛看出去就是這個世界。
我的中心有我，還有我所害怕發生的一切。
那些都不要發生好嗎？
我願盡其所能，讓那些災難不要發生？
但我知道，如果不好的事情真的發生了，
也都是我的責任。
是我沒有多做點什麼，是我不夠努力的錯。
因為我是世界的中心，
只有這麼重要的我，才能阻止災難發生。

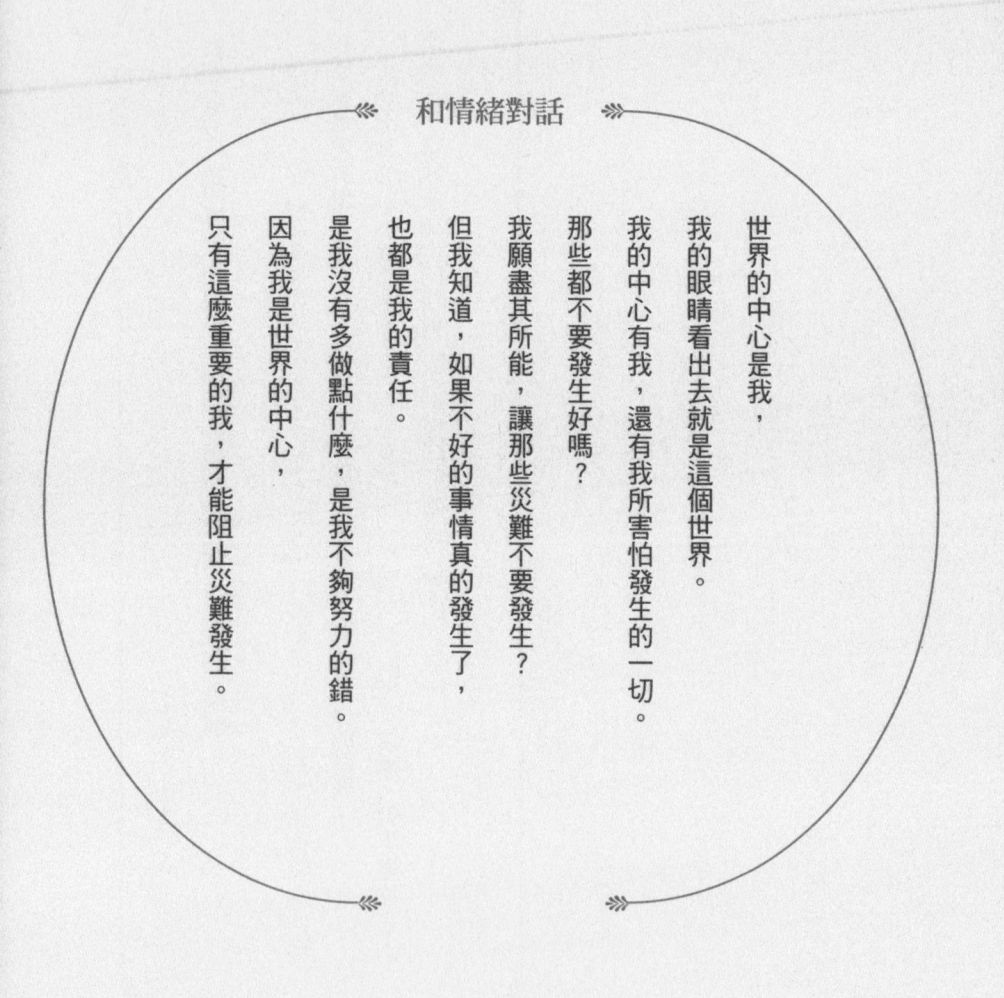

02 自我中心效應
想像自我的重要性，可能導致災難

曾經風靡台灣六年級生的動漫《灌籃高手》，主角是一名頂著紅色亂髮的高大男孩櫻木花道。櫻木花道極具打籃球的潛能，卻在上高中後才被挖掘才華，加入「湘北高中」籃球隊，成為隊裡的大前鋒。一場重要比賽中，比數僅落後對方球隊一分，櫻木花道在結束前最後一刻搶得投籃機會，拉直雙手將球往籃框擲去！

沒進。鈴聲響起，比賽結束，湘北高中籃球隊輸了。男孩們在球場上灑下懊悔的眼淚。

隔天上學，櫻木花道打開教室大門，原本的紅色亂髮全數落去，僅留下一顆紅色的大平頭。同學們驚呆了，問櫻木幹嘛如此？櫻木說：「因為我害球隊輸了。」他認為湘北隊沒能贏球，自己是罪魁禍首。

「臭美！」此話一出，旁邊一位人氣也旺的籃球明星流川楓緩緩飄過，「是我昨天沒打好！」

嘖，櫻木和流川雖然平日就不對盤，幹嘛連輸了比賽這種黑鍋都要競爭啊？

這就是一種自我中心的情緒反應：高估了自己的重要性，把「我」放到災難核心的位置。

我們所以為的狀況，其實都只是我們的想像？

年輕的大學生也發生類似的狀況，她告訴我，每次假期結束要離開家前，母親總會拖著她，抱怨弟弟交的女朋友。身為姊姊的她，其實一點都不想聽母親說這些與她無關的瑣事，尤其弟弟的女友又還沒進自家門，母親就常常擔憂地彷彿已經產生多麼嚴重的婆媳問題。她好想讓母親閉嘴，卻又心疼母親的眼淚無處可訴，弟弟根本不管母親這些擔憂，父親更是只會在旁邊看報，像根木頭一樣。

聽久了，她對母親過多的情緒實在感到厭煩，卻又彷彿對母親的心情感同身受，心裡浮現了想要勸弟弟離開女友的想法。

「我該怎麼辦才好？」她問我。

我反問她，如果撇除「該怎麼辦」，她心裡「想怎麼辦」？

「當然是不要聽太多，趕快按照時間去坐車呀！」她說。母親時常叨唸到她幾乎趕不上北上的火車。

「既然已經『想這麼做』，沒辦法這麼做的原因是什麼呢？」

「嗯……這麼做好像十分無情，好像把媽媽丟下不管，好像……」

「所以如果你真的去坐車了，她會怎麼樣呢？」

「她會一直哭啊，沒有人聽她說話她很可憐啊，她眼睛已經很不好了，還這樣哭怎麼行呢？」

「爸爸不會聽她說話嗎？」

「當然不會啊！」她回得斬釘截鐵：「我爸都做他自己的事，哪有可能管我媽？」

「有沒有可能，是因為你佔了那個關心媽媽的位置，所以你爸就不需要去做這件事了？」

她用狐疑的眼神看我，「有可能嗎？」

是呀，有可能嗎？有沒有可能，我們所以為的狀況，其實都只是我們的想像而已？有沒有可能，是她「想像」自己是世上唯一關心媽媽的人？有沒有可能，是她「想像」爸爸沒有能力關心媽媽，所以才自以為正義地佔據那個需要保護母親的位置？

有沒有可能是她讓自己「內在的想像」等同了「外在的現實」，導致她在許多擔憂害怕中，無法執行自己真心想做的行動？

記得在「內在想像」和「外在現實」之間也畫上界限

這是一種因為「自我中心」的情感特質所引發的「現實等同」狀況：我們太焦慮於周圍可能發生災難，又太看重災難與自己之間的關連性，便覺得倘若自己沒有做點什麼，災難就有可能真正發生。我們的情感困在內心的「自以為」，便把其實存在於心頭的幻想，等同成為現實。

現在的年代，常常有人喊著要記得畫出界線，但與此同時，我們是否也檢視過，自己有沒有記得在「內在想像」和「外在現實」之間也畫上一條界限？是否清楚地明白，某些東西或許只是我們自己的想像，而不見得是對方的意圖？

這是在思考「我和你」之間的界限之前，更重要的一件事。

【自我中心效應】

過度想像自己與災難發生的關連性，所形成的情緒反應，目的是藉此來維護內在自我的重要性。

「自我中心」的概念，在心理學中最廣為人知的，是認知發展學者皮亞傑（Jean Piaget）所提出的「自我中心主義」。皮亞傑透過「三山實驗」發現，兒童有以「自己眼睛所見」來推論「他人所見」的傾向，是一種以自我為中心來看待世界的現象。後代學者則認為，除了兒童時期以外，青少年及成年親密關係中也能觀察到類似的狀況。

在這裡，我們則特別聚焦在情緒議題上，探討以自我為中心的災難化想像，如何蔓延到日常生活當中。

和情緒對話

有些事情停住了，有些畫面停住了，
有些感覺停住了，就像我對你們的認識也都停住了。
有時是停在最幸福的那一刻，
但更多時候，是停駐在最尷尬、最委屈、
最喘不過氣、最令人憎恨的那些瞬間。
我知道你會這樣對我，你永遠都會這樣對我，
我會永遠記得你這樣對我。
那麼我就可以恨你了，
然後以為自己不曾渴望過你的愛。

03 時空凍結效應

以為周圍人事物不曾改變

我去看了國家文藝獎級的編舞家，何曉玟的作品《默島新樂園》。一向偏好戲劇不善舞蹈的我，看了曉玟的舞作大受感動，覺得台上舞者們的腳尖好像直接穿進了我的胸口，跳得我的心兒隱隱發燙。

女舞者身著肉色衣物彷彿赤裸，擺動的四肢拉拔著一只帶著針孔攝影的探照燈，做出一連串既優雅又帶點恰到好處的情色般的動作，自我偷窺式的影像投射在醒目的主牆上，與海底世界的泡沫幻影交雜在一起，形成觀眾眼前一股難以言喻的綺麗世界。既美麗，又哀傷。

何曉玟的創作如此傑出，我很好奇，家人看了她編排的作品後，反應會如何？是否為她感到驕傲？

聽到我有此一問，何曉玟臉上浮現令人玩味的表情，她說：「我媽看了我的表演，只問我：『以後可不可以不要在台上做出這麼難看的動作？』」

何曉玫的回答被我寫進專欄，文章 po 在網路上，引起某些人有感而發，其中一位曾經演過戲劇的網友回覆說：「我媽來看我的舞台劇，問她心得，她只說：『以後要穿無痕內褲，不然在台上很難看。』」

一連串留言後，何曉玫也回應了，她說：「也許（媽媽）是愛女心切。」

留言在這裡戛然而止。或許大家也開始思考，我們各自在家庭裡所遇到的狀況，有沒有可能其實是「愛女（子）心切」呢？

一種不自覺的偏執，覺得父母不可能改變

近年來，社會上很流行討論「以愛為名的親情綁架」。我身為一名將近四十歲的半資深子女，身為家中的唯一小孩，對這事兒當然也相當有感觸。

我和許多人分享過自己的成長經驗：從事金融業的父親應酬頗多，從小我幾乎和母親兩個人獨處。小時候，我最怕母親的眼淚，總覺得自己如果不能達到母親的期待和要求，難過的海浪就會從我身邊蔓延開來，數落著我：「我是為你好啊，你怎麼都

不聽話呢？」

原本我可以假裝沒事地逃離這片水禍，然而，倘若我不能在父親回家前關起那「肇事的水龍頭」，就要倒大楣了。我最怕父親好不容易下班回家，卻因家中的低氣壓，而鐵著一張臉質問我：「你又對你媽做了什麼？」

所以母親的眼淚令我慌張，偏偏我又時常管不住自己的嘴，老愛跟她唱反調，頂嘴的時候可神氣了，只是一見「媽媽淚海」的徵兆，心就忍不住糾結成團。假使每個人在世界上都有一個最害怕的項目，對童年的我而言，最害怕的莫過於「媽媽的眼淚」。

對於害怕的事物，我們總會想出抵禦它的方法；身為最親愛的家人，我們使用的辦法往往是一針見血，光憑一句話就能讓對方鎖喉，無言以對。

我很快也找出抵禦「媽媽眼淚」的必殺絕技，就是面無表情地跟她說：「你就只會哭。除了哭，你還會什麼？」

這種激將法在母親身上極度好用，我收起情感，她自然也不會再向我示弱，硬生生地收回已經卡在眼角邊即將滾出的眼淚。就這樣，父親回家也不再有理由罵我了，只是那窒礙難行的家庭氣氛，逐漸成為我夜半不歸的理由。

大學畢業後，我翅膀也硬了，乾脆以「結婚」為名，光明正大逃家。在我心目中，父母親根本不可能改變：爸爸一定沒有很想在家照顧我，媽媽也一定還是只會用哭來逼我達成她的期待。

這些年，我遇到許多與我有相似困擾的朋友，大家在原生家庭有各自的辛苦，學有所成後自己出來社會上打拚，但內心隱隱約約卡了一根刺，是與老父母相關的、無法碰觸的家庭議題。他們大部分和我一樣，困在一種不自覺的偏執裡，覺得父母不可能改變。

我們這群原生家庭的苦主，許多看似獨立自主，心靈卻彷彿停留在過去時光，守著某些一成不變的家庭記憶：我的爸爸是個什麼樣的人，我的媽媽是個什麼樣的人，我們之間有某些怎麼樣都無法解決的問題……

是嗎？事實真的是這樣嗎？

父母的作為，究竟是「綁架」，還是「愛」？

三十五歲後，我的事業和生涯都正在起飛，伴侶更是為了工作忙碌得不可開交。

每個人都有自己長大的故事。我們可以忘記自己是怎麼長大的，卻不能不知道，我們「感覺」自己是怎麼長大的。

前些年，為了幫忙照看我的兩個孩子，母親毅然決然地賣掉了老家，鼓吹其實不太情願的父親北上居住。

成年之後，和父母的距離突然拉得這麼近，令我既期待又感到心慌，童年時相似的感覺時常重返心頭。在這種氛圍中，我最難忍母親的嘮叨，那會讓我聯想到小時候「媽媽的眼淚」，和一連串被控制的感覺。

某天，我要到小孩學校去當志工媽媽，順路載母親去附近辦事情。校園進出需要使用志工證，記性不太好的我，開到半路才想起自己的證件忘了拿，眼看時間要來不及了，我忍不住在車裡喊叫著，誰知坐在一旁的母親沉穩地回答說：「不用擔心，我昨天已經幫你把證件放進包包裡了。」我沒料到媽媽突來這招，要她打開我的包包拿出來給我確認，她從容地拿出證件，我們就這樣一路沉默著，直到學校。

諸如此類的事件越來越常發生。有時，我會很氣父母如此介入和干預我的生活，但更多時候，我開始發現這些介入對我生活帶來的方便。

所以後來，每當有人提起「以愛為名的親情綁架」時，我常選擇保持沉默。因為，當我逐漸走出「父母和過去一樣」的心理想像，突然不太能確定，年輕時被我界定為控制欲的父母的作為，究竟是「綁架」，還是「愛」？

更精確地說，「愛」和「綁架」的感覺，在我心裡變得洶湧起伏，有時感受到的是「綁架」，但更多時候，是「愛」。就像何曉玫說的：「有沒有可能是『愛女心切』呢？」

而現在的我們，又為何會這麼想了呢？

是我們變了？還是父母變了？抑或是，我們都變了？

每個人都有自己長大的故事。我們可以忘記自己是怎麼長大的，卻不能不知道，我們「感覺」自己是怎麼長大的。

正是這些「感覺」，才讓我們困在凍結的過往時空中，繼續用一成不變的眼光，看待這個世界。

【時空凍結效應】

當情緒形成一種負面平衡時，我們會傾向認為外在造成負面的人事物不會改變，以免自己因為期待事情好轉而再度失望。

精神分析大師克萊恩（Melanie Klein）曾經提出一個概念，她認為在嬰幼兒的內在心智中，因為有天生的愛與攻擊並存的欲望，所以會想像所愛的人可能會加以反擊，而產生心理上的焦慮。此時，若所愛之人真的做出某些讓嬰幼兒感到被攻擊的行為，例如：大吼大叫、不準時餵奶等，嬰幼兒就會認為心裡的恐怖幻想與現實不謀而合。隨之而生的焦慮感，便可能把那種恐怖的影像定格在心裡。

這裡所提到的「時空凍結效應」，便是延續這個概念而來，探討過去的情緒經驗「被定格下來」的狀態，如何影響我們成年後的生活。

和情緒對話

我用柔焦鏡片來紀念你，
記憶我們不夠靠近的距離。
帶著缺陷的回憶捲入那片柔美的模糊，
逐漸淡出現實的清晰，
變成我心裡期待留下的那個版本。
陪伴現在過得不夠好的我，
幻想自己曾經還有過這種可能。
嗯，一種甜美的自我安慰。

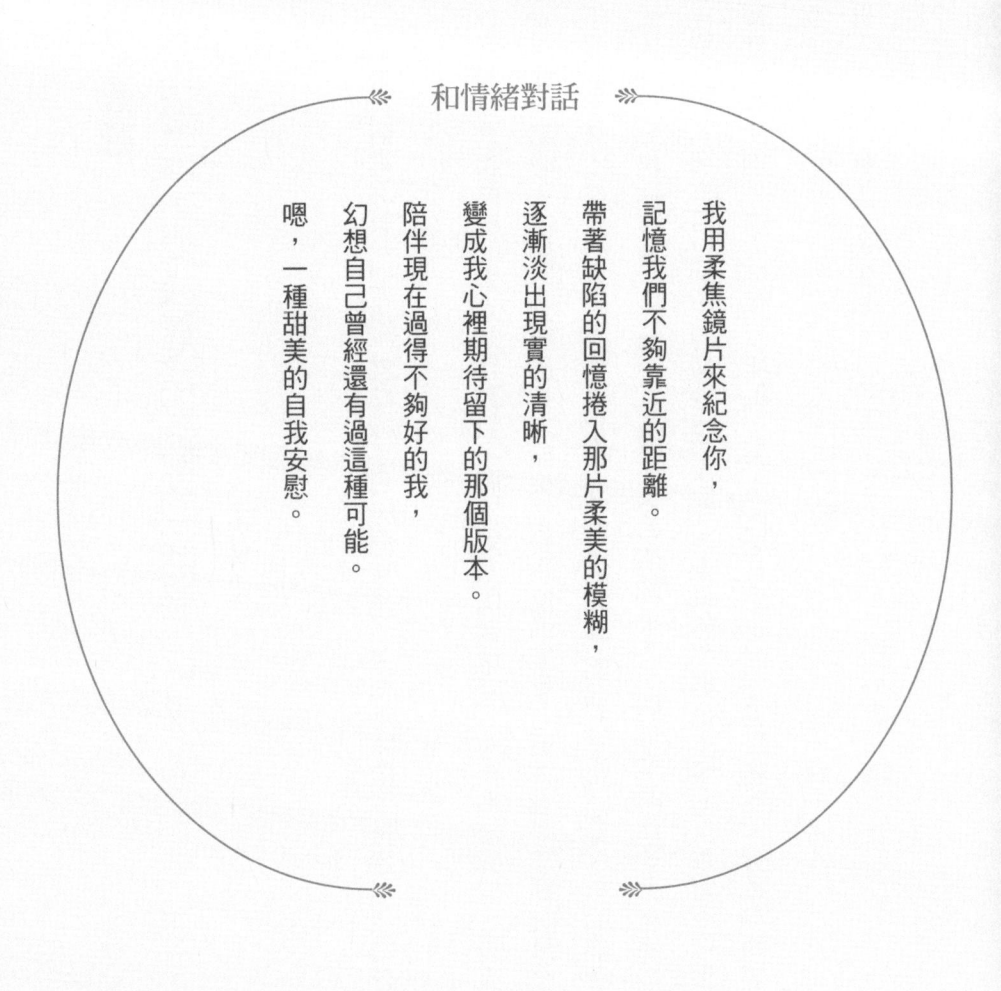

04

柔焦效應

美化過去，變成無法忘懷的回憶

一個男人新婚的第一個月，就認識了另一個女孩，並和她開啟了長達七年的外遇生活。

外面的女孩和家中的太太個性截然不同：太太內斂保守，女孩熱情奔放。男人得要和女孩在一起時，才感受到自己身上如火焰般燃燒的能量，但太太對家庭的付出又讓他不忍心辜負，只好周旋在家室與情人之間，享受快樂的同時，也品嘗矛盾的痛苦。

男人的太太接連懷孕，打翻了外遇女孩的醋罈子。一場飛車追逐後，女孩出車禍，出院後告訴男人自己的生育功能出了問題，未來的下場是不孕。女孩留下這樣的訊息後就不告而別，消失得無影無蹤，男人不疑有他，內心追悔莫及，遍尋不著情人的蹤影。

男人逐漸消沉，了無生氣。

數年後，我再見到這個男人，看他突然變得容光煥發，與外遇女孩離去時那副失魂落魄的模樣天差地遠，想說他是吃了什麼仙丹，好奇地詢問他？沒想到，男人竟告訴我，他已經想通了，他要認真運動，維持身體健康，他要自己長命百歲。

我問男人，為什麼突然變得如此惜命，是不是人生出現了什麼轉捩點？他目光灼灼地說：「我要活得久一點，等我老婆死了以後，我要去把她追回來！」他打開話匣子盡數外遇女孩的美好，訴盡他對女孩的難以忘懷。從他現今的談話聽來，彷彿忘記女孩也曾狂嗆正宮，也曾對他歇斯底里，也曾說謊欺騙。

他對過去的美化令我翻白眼，但心裡又感嘆，這不過是另一種情緒的慣性罷了？將痛苦經驗給「柔焦」處理，看不見真實，心就不會感到那麼刺痛。如此一來，苦情的人生也可以很美，得不到的感情才是最真。

「柔焦」後的過去，阻礙我們活在此時此刻

在生活中，與男人類似的例子不勝枚舉。

轉換跑道的人來到新工作後，發現不如原先預想般美好，於是心裡開始想著：

「如果我當初沒離開那裡，我現在也……」完全忘記當初明明就是舊公司搞得自己痛苦莫名，才會做出離職選擇。

不想再承受私立高中升學壓力的青少年轉學到公立高中，指考時沒能考上理想中的第一志願大學，於是心裡產生了這樣的想法：「如果當初沒有轉學，就不會落得今日這種下場……」過去在私立學校度日如年的感受，好像突然變得不重要，全拋到九霄雲外去了。

然而，這會為我們的生活帶來什麼呢？

或許，最大的影響是那些「柔焦」後的過去，阻礙我們活在此時此刻，阻礙我們看見當下的人事物；我們的挫折感被隱藏在模糊中，不用再面對。

讓那些不圓滿的過往，以偽裝的美好存在著，我們的人生就真能獲得幸福了嗎？

看著男人終日懷念離去的身影，為了外遇女孩渴望長命百歲，而忽略他身旁美麗的妻子，我忍不住問他：「得不到的過去，真的如想像中那麼美好嗎？」

男人決定上網爬文，搜尋有關女孩現況的線索。

他找到了她的臉書，狀態已婚，大頭貼是一個可愛小寶寶的照片。

【柔焦效應】

當我們對現實生活不滿意時，會透過對已經逝去的人事物的美化與懷念，來安慰自己，曾經也有頂尖幸福的可能。

精神分析大師克萊恩曾經提出，嬰兒出生幾個月後，因為內在心智還未成熟到可以體會周圍環境刺激發生的邏輯：比方說，為何前一刻還溫柔餵奶的媽媽，下一刻會大吼大叫？於是嬰兒會展現一種心理分裂的能力，將「溫柔餵奶的媽媽」（好媽媽）和「大吼大叫的媽媽」（壞媽媽）視為兩個媽媽，以保護自己不會產生錯亂。

這裡所提到的「柔焦效應」，即延續這個概念而來：對成年人而言，固然不再用過分的心理分裂來面對生活困境，但用一片薄紗來美化不想面對的、帶有醜惡的現實，仍是常見的情緒機制。

當你成為情緒寄生的宿主，8個你應該知道的事？

1 當你因為被人情緒寄生而感到心力交瘁，內在充滿哀傷與憤怒時，你可以把自己負面感受的強度乘以三～十倍，大概就是那個用情緒苦苦折磨你的人的心情。

2 所以少哀怨、少動怒，更不需要與對方爭論。你表現出來的負面情緒反應越強，寄生者從你身上吸取的養分就越多。（除非，你很享受用負面情緒來餵養他。）

3 想想自己是不是一個容易被情緒寄生的人？如果常常有人這麼對你，那八成不只是對方的問題而已。所謂一個巴掌拍不響，指的就是這種狀況。

4 找一～二個腦袋清楚的固定對象，可以聽你訴說與情緒寄生者之間的關係糾葛。但請記得，在抱怨別人的同時，也要思考自己做了什麼，或有哪些特質，會讓對方這樣？當然，別忘了把「才華耀眼」、「長相高傲」這種礙眼的特質，也考量進去。

5 當你發現自己的某些行為或特質，導致你被別人情緒寄生，請進一步思考，這些行為和特質，是你想／可以改變？還是不想／不能改變的？如果答案是後者，那麼與其花時間為此事傷心，不如及早學習和這種困境共處。你想，當諸葛亮都已經是諸葛亮了，他的人生，還差周瑜這個朋友嗎？

6 當情緒寄生者對你的生活造成災難式的影響時，除了可能因為對方當真具備龍捲風般的威力，也可能是因為你平常樹立的敵人都靠攏在一起了。但這只不過是「物以類聚」法則，遲早會發生，就像綿羊和狐狸注定無法長相廝守。如果你天生是一隻綿羊，卻要為了一群狐狸而感到傷心，這是何苦呢？

7 情緒寄生者和被寄生的宿主，當然有可能和解，但比較適當的是用平靜舒緩的方式，而不是轟轟烈烈地重新結合，所以往往需要經過一段時間。你想，要讓狐狸和綿羊能夠相處在一起，不是要等到狐狸也願意吃素了，才辦得到嗎？

8 在情緒寄生效應的「兩造」之間，有時候，保持距離是最好的相愛方式。畢竟在這世界上，不是每種愛都適合黏糊糊地搭在一起。維持遺憾，是為了不要創造更多的遺憾。

Part 2

情緒，在人我之間

和情緒對話

寒冷的冬天，

兩隻刺蝟想要透過擁抱來相互取暖，

但因為彼此都長著刺，

一擁抱就刺痛對方，只好趕緊分開。

只是天氣實在太冷了，牠們一分開又想要擁抱，

於是分分合合，直到找到一個合適的位置，

既能獲得溫暖，又不至於受到傷害。

刺蝟說：「愛，要搭配上一個最適當的距離。」

而關係中的互相傷害，

正是尋找合適距離的必經過程。

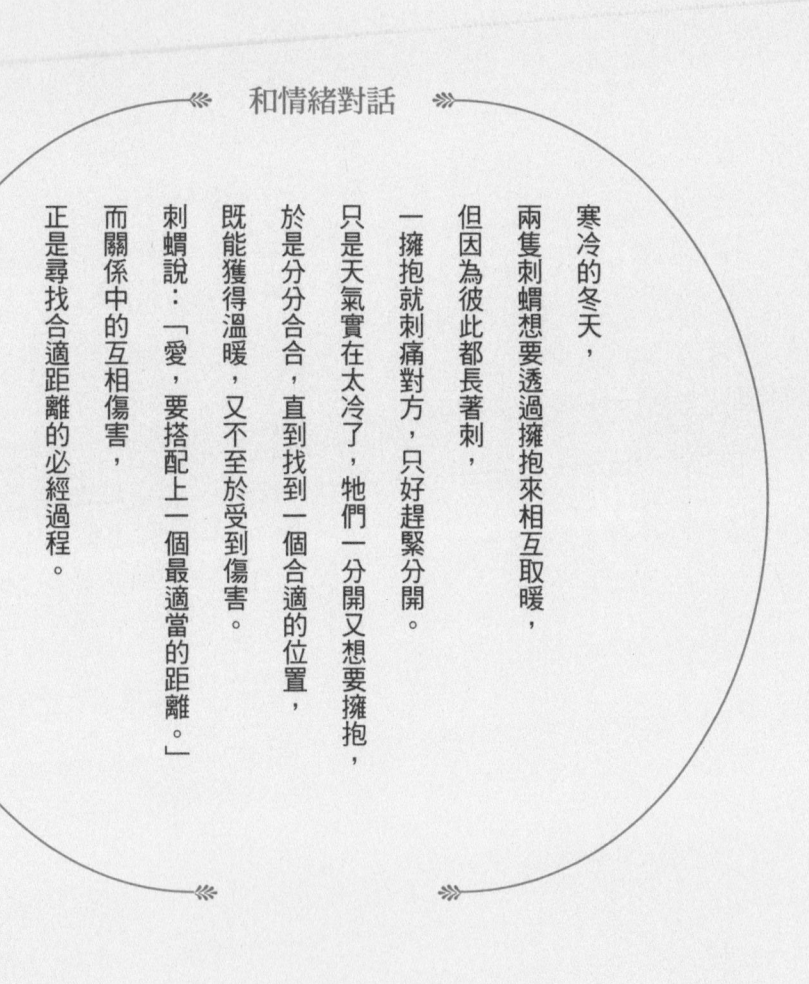

05 刺蝟效應

刺傷彼此，是為了學習適當地靠近

早晨的台北捷運車廂上，擠滿了人，幾個穿著高中制服的男生，站在靠近門邊的位置，談笑風生，大概是在說什麼有趣的笑話，其中一位笑得岔氣，重心不穩地差點兒向後倒，站在他身後、提著公事包的上班族見狀，微微皺起眉頭，表情不悅地挪往車廂更深處。

眼尖的高中男孩看到了，嘲笑同學說：「你弄到人家了啦！」

「我哪有？」重心不穩的男同學連忙站直身體，「我連碰都沒碰到啊。」

我是站在一旁的目擊者，可以替他作證，真的連一根頭髮都沒碰到。只是人總有一種心理上的本能，當主觀上感受到別人的熱氣飄飄，侵入了令自己不舒服的界限，就會不自覺地採取行動來做為抵禦。

身體上如此，心理上亦然。然而，人生中最為難的事情是，你雖然可以防範捷運上陌生人對你界限的入侵，卻難以迴避家人的；甚至有時，你也有意無意地，侵入到你所愛的人的私領域中。

不用加油的語言，才是一種真正的加油

如果我問理智層面的自己，家中最容易涉入我私領域的人是誰？顯然我會回答，是媽媽。但若避開理智，問問感受層面的我？最容易踩進我地雷的，卻是爸爸。

我父親的原生家庭，人丁興旺，光我阿嬤一個人生的孩子，就幾乎可以組成一支足球隊。我沒有看過他們當年生活的景況，但對我這個沒有手足的人而言，光想到一個家裡有二十隻孩子的腳丫子在那裡蹦蹦跳跳，我的頭都疼起來了，心裡實在無法想像，父親當年是怎麼在家庭的夾縫中生存的？

還好，父親依然個性積極地長大，在那個升學十分艱難的年代，他跟著前面兩個哥哥的腳步，考上當地最好的初中，誰知高中聯考失利，讓他開始偏離大家想像中一路頂尖的菁英生活。

父親的手有一截淺淺的斷指，我小時候偷偷問過母親那背後的故事，腦海中卻總

是記得兩個完全不同的版本：有一說，那是父親求學時去工廠打工，不小心被機器截掉的？還有一說，則是父親曾經墮入黑道，為了退出江湖，只好斷指謝罪？

說也奇怪，明明前一個才是事實，我卻常常記成是黑道的那個版本，彷彿一定要這種充滿浪漫的際遇，才符合我心目中父親的英雄形象。

父親的「第一志願情結」，不知不覺地落到我心上，只是上了國中以後，課業越來越難，我不只讀得辛苦，有些科目還覺得無聊，成績一階一階地往下掉。

眼看高中聯考就要到了，父親看我只玩社團不思振作，便問我：「台南一中音樂班好像有收女生，要不要去考考看？」這個突來的想法令我感到恐慌，心裡想著：倘若連我也沒有考上第一志願，父親會不會受到比我更大的創傷？

真抱歉，身為一個青少年，我的解讀只能是如此而已。

當我在生涯中掙扎時，父親也在他自己的職涯中碰撞；當他在職場中大放光亮時，我從碩士班畢業考上博士班；當他面對職涯的瓶頸時，我也正在低落；當他商場上退休後又突然轉入教職，我也回到台北來任教。我們的生涯像兩條在無意識中同起同落的平行線，我看著他的影子，也追隨他的影子。

我期望他能理解我一路走來的辛苦，但當我在工作上感到不開心，沮喪地說好想離職時，他對我說：「你至少要撐到當教授。」當他發現我仍繼續沮喪時，他沒有安慰我，反而丟了好幾個徵才訊息給我。

我和父親相處不多，但他的回應總能讓我氣上半天。我知道他想告訴我的是：加油。但或許我更期待他說的是：不要再加油了。

我想，這世上有很多父母不能明白，不用加油的語言，才是一種真正的加油。

陌生與疏離，讓彼此一不小心，就會刺傷對方

日本頹廢派作家太宰治曾經說，他這一輩子都在為服務別人而活；或許我們當中有許多人，也一樣為了服務父母而活。這就是為什麼有些人寧願死，也不想面對父母失望的眼光？因為從那種失望的眼神中所折射回來的，是一個不夠好的自己，不完美的我。

然而天無絕人之路，幸好有這些成長經驗，我第一次讀《諮商概論》，就每句話都看得懂；幸好有對成長經驗的體悟，我當心理師，當的得心應手。心理諮商，成了我活下去的救贖。

我想，每個人都是在磨難中活下去後，才找到新的救贖。

父親即將屆齡退休，我以為他這次會好好規劃自己的退休生活，但他仍忙著幫自己安排新的工作機會。看著他坐在電腦前認真打字的背影，我突然理解，他對待我的方式，其實也是他對待自己的。我感受到退休的男人們，面對老後如果沒有了期待，沒有了舞台，剩下的或許會是無止盡的恐慌。他們需要子女的陪伴，但是前半生已經習慣的陌生與疏離，又讓彼此一不小心，就會刺傷對方。

我想起著名的刺蝟故事：一對相愛的刺蝟在寒風中，想要靠在一起取暖，可是當牠們靠得太近，就會被對方身上的刺弄傷，牠們只好不斷地挪移位置，調整彼此的距離，一下前進、一下後退，直到找到一個既能相互取暖，又能不刺傷彼此的位置，才能真正停下來歇息。

我們和我們的父母，是否也正在調整彼此的位置和距離呢？

【刺蝟效應】

人與人之間，會透過相互傷害，來尋找對彼此而言，最適當的距離。

精神分析大師溫尼考特（Donald W. Winnicott）對於人性的觀察是這樣的：他不同意過去精神分析學家對於「攻擊」本能的觀點，反而認為嬰兒在關係當中的某些負向行為，例如：哭鬧、打人等等，並非出自內在的攻擊欲望，反而是出自「愛」。

溫尼考特把這種在關係中會令對方受傷的「愛」，稱為「無情的愛」。它和攻擊最大的差別在於，「攻擊」是帶有施虐於對方的意味，而「無情的愛」之所以會讓對方受傷，只是因為內心太過渴望了。因渴望而拿捏不好分寸，這是「愛」，而非攻擊。溫尼考特的說法，恰好可以用來說明著名的「刺蝟理論」現象。

和情緒對話

我不想對自己誠實。
那麼，我就可以假裝沒聽見你說的那些話，
沒看見你做的那些事。
假裝你還活在，我想要你成為的那個樣子。
我為什麼要對自己誠實？
如果誠實會讓我失去你。
不誠實會讓你留下嗎？

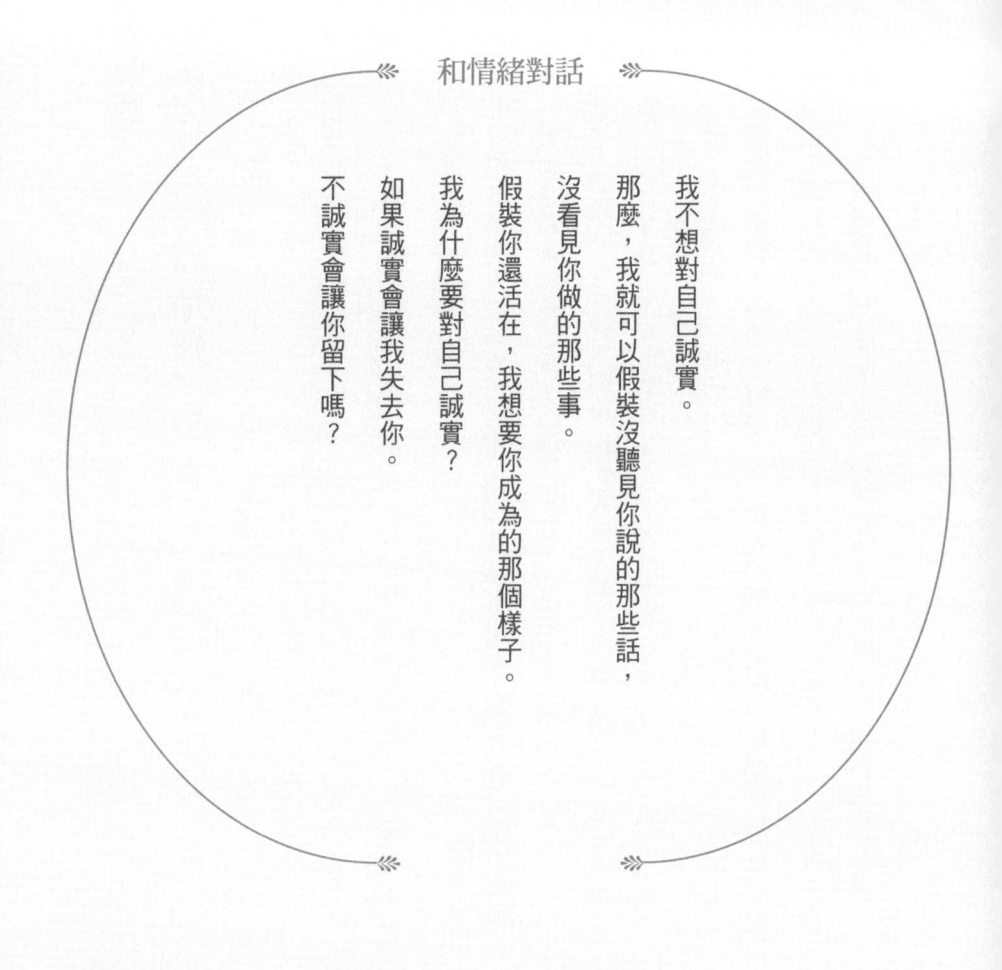

06 餘光效應

希望仍在，所以情難了

三十歲的女人，愛上了好姊妹的男朋友。一切都是好姊妹的錯，誰叫她要遠赴國外，讓男友一人在台灣飽受孤單之苦。

原本女人和好姊妹的男友並沒有來電，但因為某個專案上的合作，他們開始有大量的相處時間，就這樣順理成章，兩人逐漸發生越來越深刻的感情。

「他說，他很不想承認他愛我，但是他確實愛上我了。我知道。」女人說。

「這樣不是很好嗎？這不就是你要的嗎？」我回答她。

「嗯……可是，她就要從國外回來了。」她說。

好姊妹學成歸國的時間，眼看就要到了。女人和男人的相處也顯得越來越緊張，男人的脾氣變得很容易焦躁，女人則是更容易流眼淚了。一張雙人床上躺著三個人，只有不知道的那人是幸福的，其餘兩人都因為空間太過擁擠，而感到痛苦不堪。

女人開始期待男人做選擇。他到底是她的男友？還是另個她的？

我聽女人這麼說，心裡暗自替她感到不妙。一個人不容易做出抉擇，通常是對舊情人還有所留戀，這便是「有了新人，忘了舊人」的反面道理：如果一個人總是惦記舊人，不就表示新人在他心裡也不過爾爾？新戀情的力道，並沒有大到能夠消滅對舊人的感情。

然而，像這樣的大道理，我通常不太在這種時候對當事人說。如果當事人沒有自己去體驗那個過程，別人說什麼，都是枉然。我問女人，先不管其他人，她自己心裡對這個男人的想法是什麼呢？

她猶豫了許久，告訴我，當然是想要跟他在一起。

「那就去吧。」我沒有勸她回頭。因為我知道她心裡仍有餘光，微弱地照著他們充滿希望的前程。

寧願懷抱希望，也不願面對親密關係中不完美的現實

然而，越走進情感核心，她越能體會自己內心存在著不僅於此的渴望。兩人的相

處逐漸因為「選擇的困難」，而有了更多摩擦，每次談到這個問題，兩人就會忍不住大吵。女人很想放手祝福他們，但怎麼都無法說服自己，放下對男人的愛。終於，她問了男人一個卡在她心裡最深的問題：「如果你回到她身邊，是因為道德上的考量嗎？」

同樣的問題，她不只問他，也問了我。

我回答女人，這句話問得並不完整，事實上她真正想問的是：「如果你回到她身邊，是因為道德的考量？還是因為愛？」

當我這麼說，她的身子開始發抖，克制眼淚不要掉下來。我告訴她，我認為這個問題其實一點意義也沒有。

如果他是因為道德而回去，你只是感覺上比較良好，但心裡對你們的感情仍會抱著餘光，期待有一天他們會分手，而你們還會重新開始。如果他是因為愛而回到她身邊，你則會陷入不甘心，可能會覺得他玩弄了你的感情，然後否定了你們這段時間以來的相處。這兩種結果，都可能讓你沒辦法超越這段感情，重新開始自己的生活。

她臉上露出慘敗的微笑，說：「為了這段感情，我已經變得不像原來的我了。」

但又何嘗不是認識了另一面的自己呢？

我為什麼要對自己誠實？如果誠實會讓我失去你。
不誠實會讓你留下嗎？

這天，她沒有和男人再聯絡。她打開久違的公事檔案，整理自己為了感情荒廢多時的工作，當心力有了一點轉移，她覺得自己不致於像先前那樣，痛苦得喘不過氣來。幾天過後，她工作更加上手，偶爾看到沒有響起的電話，發現男人也不再像之前那樣來電頻繁，她的心隱隱作痛，忽然發覺，原來兩人不是不能回到這樣的距離。

兩週後，她到男人家裡取回自己的私人物品，遞給他一張紙條，上面寫著：「祝福你們。」

她沒有寫「祝你們幸福」，因為這不是真心話。男人緊緊地擁抱了她，她哭了，知道這是分手的擁抱。

好姊妹回國之後，什麼事情都不知道，繼續幸福地窩在情人懷裡，露出甜美的笑容。他看她的眼神依然複雜，但她開始躲著他們，她說：「因為我沒有準備好要面對。」

我問她，「祝福你們」那張紙條，對她而言的意義是什麼？

她說，是一個被甩掉的女人，最後的報復。因為她在他心裡留下了最美的樣子。

她把那段感情的餘光，轉移到工作上，成了職場上的女強人。至今，單身。

【餘光效應】

寧願懷抱希望，來證明自己不會失去，也不願面對現實，從親密關係中找回自我的掌控力。

精神分析大師克萊恩說，當我們還是個小嬰兒時，面對內心焦慮，就已經懂得啟動幻想機制。比方說，因媽媽不在身邊而感到焦慮的小嬰兒，吸著自己的拇指，抱著心愛的貼身小熊，藉由這些過渡性的物品，假裝媽媽還在，沒有離開。

「餘光效應」延續著克萊恩的概念，探討親密關係中的成年人身上，也可以觀察到類似的自我安慰狀態：一段關係明明已經逐漸崩解，我們卻幻想這些毀壞有一天可能會自動回復原狀，彷彿只要懷抱這樣的希望，就不用面對親密關係中不完美的現實，降低可能分離的焦慮。久而久之，卻可能讓人失去檢核現實的能力。

和情緒對話

我和你，結合成一段關係。

為了好好相處，我這麼做，而你那麼做，

我們都有必須這麼做和那麼做的立場，

想要保護你、保護我，保護我們的關係。

我們都覺得自己是對的。

那麼，當關係發生錯誤時，又是誰的問題呢？

我以為是你的，就像你以為是我的。

你的我的、對的錯的。

我們好像逐漸忘記，當初會這麼做的自己，

其實是為了和對方相愛。

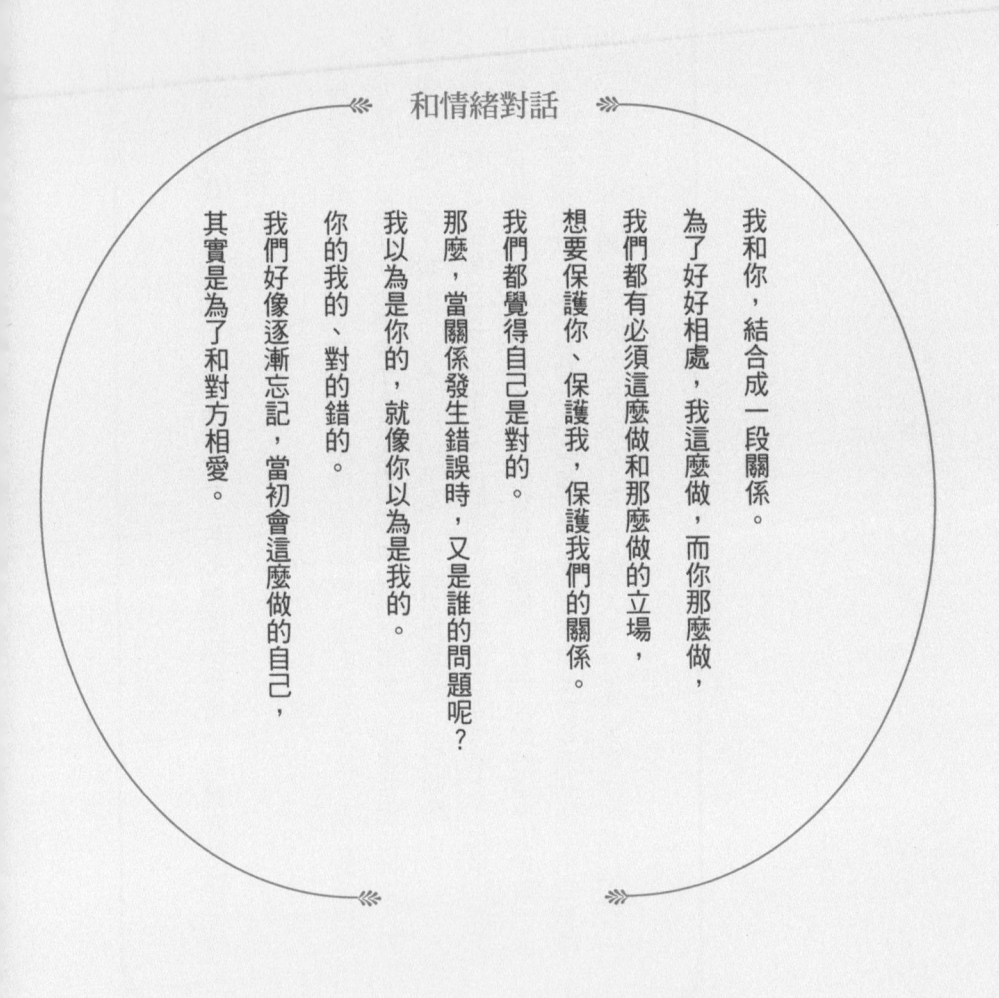

07 添加物效應
在關係中，你放了什麼毒？

西元二〇一〇年前後，亞洲陸續出現一連串的食品添加毒物事件，例如，奶粉裡加了三聚氰胺，點心被添加了塑化劑。

毒奶粉被踢爆真相之際，香港家庭治療研究院的家庭治療師李維榕正好到台灣做案例演示。當時我坐在台下，對某段治療談話印象特別深刻。那是一對在現場不斷爭吵的夫妻，對彼此的指控中，滿滿都是過往的家庭宿怨。李維榕觀察了一會兒夫妻倆的爭執模式，問他們說：「我知道最近台灣人都在討論毒奶粉事件，如果你們的婚姻也有毒，你們知不知道各自添加了什麼毒素在你們的婚姻裡呢？」

這對夫妻被李維榕天馬行空式的發問，干擾了原本習慣爭吵的思維路徑，兩人一時之間，還真的停下來認真地想：對喔，我們在婚姻關係中，放了什麼毒？

對彼此的主觀想法，就是關係的添加物，可能含有毒素

李維榕的這段問話，至今仍令我印象深刻。確實，關係的組成如同食物一般，是你放一點添加物、我也添加一點，所混合出來的成品。當我們添加的內容物中含有毒素，又自以為只有放這一點點無傷大雅，便很容易像食品風波一樣，滾呀滾的，滾出一場極具殺傷力的風暴。

長期以來，我在治療室中觀察伴侶互動已久，覺得親密關係中的添加物可以分成兩種：其一是先天性的添加物，精準來說，更像是原物料起化學作用所混合成的物質，例如性格特質、內在不安與個人渴望；其二則是偏屬後天的添加物，比如工作壓力，以及原生家庭和姻親關係的壓力。

我和先生結婚超過十五年，一開始最難適應的，就是他那副只要沒了笑容就顯得冷漠的臭臉，而他最不喜歡我的地方，則是在家就變得邋遢隨便的魚干女個性。這兩項性格特質彷彿我們各自帶到婚姻中的原物料，攪拌啊攪拌，混合出獨特的親密關係中的產物。我透過他臉上的表情看見了記憶中父親的權威，他在我身上感受到母親不夠溫柔的部分，原本毫不相干的天性特質擺進同一段關係中，激發了對方深層的感

受，引發不安、煩躁，和未被滿足的渴望，形成對彼此的主觀想法。

他對我的主觀丟到我身上，我也拋出我對他的主觀——這些主觀就是關係的添加物，可能含有毒素，身在其中的我們卻毫無知覺。

「你幹嘛對我擺一個臭臉？」其實他沒有，他只是覺得沒什麼開心的事情，就不用特地擺個笑容而已。

「你幹嘛都要穿那件那麼寬大的睡袍，很像家裡突然來了一隻白熊。」這句話其實有點拐彎抹角，不如直接說：「老婆，你該減肥了。」來得乾脆。

這世界上有太多伴侶，因為對關係中的化學添加物渾然不覺，而逐漸用否定對方和人身攻擊，來賠掉好不容易建立起來的感情。

學著看見自己在一段關係中所放進的添加物

當第一種添加物已經不知不覺地讓伴侶關係產生毒物反應，第二種添加物再加進去，關係風暴便是箭在弦上，一觸即發。

想想，如果今天我們在公司遇到不少開心的事情，回家後，即便一進門就聽到另一半對你說：「你今天穿這件衣服，看起來真的好胖喔！」還有可能因為心情不錯，而不忙著生氣，觀察看看對方是怎麼了，為何平白無故說這種話？但倘若今天在外已經受了不少怨氣，回家又聽見這番話，想必檯面上的戰事或檯面下的冷戰，都難以避免。

然而，婚姻治療的經驗又讓我注意到，這些被伴侶怒稱為引爆戰爭的始作俑者，也常常沒有能力發現，自己正用這種令人不舒服的方式，在和對方說話。所以關係大戰開打時，雙方都覺得委屈，都感到受傷，都覺得是對方先引起的，都認為是對方的錯——背後最大的原因在於，我們都對自己在關係中添加的毒物，渾然不覺。

渾然不覺所引發的爭吵往往非常耗能，雙方都認為自己「秀才遇到兵，有理說不清」，就算不想繼續爭吵，也找不到可以下台階的地方，工作、家務都因而延遲。長久下來，關係想不走到盡頭，都難呀。

多年的婚姻生活，讓我學到最重要的一件事，就是不要再那麼扁平化地，去看待發生在眼前的事物，而是學習看到每個人的行為、每段關係的形成背後，都有其獨特的脈絡。學著看見自己在一段關係中所放進的添加物，讓我不再苦苦執著於：「為什麼他是這樣的人？」

資深媒體人陳文茜說：「人生不只需要聰明，還需要善良。聰明讓我們看穿別人，看懂人性；善良讓我們理解別人的難處，懂得放下。」當然，我也非常認同，我們的善良必須要有底線，但對於伴侶、對於家人，我們真的可以給他們更多一點善良，因為他們或許是這個世界上，最能教我們學會「愛」的人。

【添加物效應】

在關係中做了些什麼，卻缺乏自覺，因而迴避了自己需要負擔的責任。

家庭治療當中有個「互補性」的概念，指的是一段關係之中，彼此的行為會互相影響，形成一種互動上的序列：你做了什麼，讓我這麼做；我做了什麼，又讓你那麼做。這裡談到的「添加物效應」，即是延續這個概念而來。

和情緒對話

我曾經告訴自己，這輩子都不要成為像你那樣的人。

很不幸地，長大後我發現，自己越來越像你這樣的人。

老天怎麼可以這樣對我？

我怎麼可以這樣對我自己？你怎麼可以這樣對我？

但老天說，祂讓我和你一樣，是為了讓我變得和你不一樣。

我原本不懂。

直到我用曾經希望你對我做的方式，來對待他。

我才發現，原來我真的可以和你不一樣。

這讓我和你之間，也變得不再一樣。

08 複製效應

愛・無能，在代間傳遞

在輔導工作中，我看過許多令人心碎的故事。看到某些父母對待小孩的方式只有犀利，沒有溫柔，我心裡會替這些孩子感到難過。

我曾經在颱風天的日子，還趕到學校上班，因為有對父母無意間知道女兒和男生發生性關係，跑來學校要打斷女兒的腿，就這樣拿著厚實的藤條衝進校園，女孩竄到我身後躲避他們的追打，狂怒的情緒比颱風還要劇烈。我一把扯掉她父母手上的武器，義正詞嚴地護著孩子，告訴他們，不可以這樣對待孩子。

但我又注意到他們離開時，那頹喪的背影，夫妻兩人相互攙扶著，像是剛才吃了一場敗仗。其中一人下垂的肩膀明顯正在顫抖，另一人沮喪地搖著頭、輕拍對方，彷彿說著我聽不見的口白：「孩子大了，我們管不住她了。」那種感覺就像他們長久以來辛苦維護的家庭價值，在這一刻都崩壞了，生命被烙下一輩子無法洗去的汙點，不再純粹得閃閃發光。

我不自覺地拉緊躲在我身後的孩子，她是正要盛開的花朵，確實不容大人如此摧殘，但那對逐漸老去的背影呢？我突然覺得，他們也只是步履蹣跚的孩子罷了！

愛孩子，卻沒有能力理解孩子渴望的愛

我想起自己在《與父母和解》這本書中，曾經寫過「愛．無能」的心理現象。為什麼世上有這麼多父母會去毒打自己親生親養的孩子？為什麼用刻薄與否認對待他們？為什麼不信任他們，不給他們安全感？

答案往往是，因為他們也只懂得用這種方式來對待孩子。這些方式讓他們感到熟悉、安心，可以最有效地防堵生命走向偏誤的風險。他們愛孩子，卻沒有能力理解孩子渴望的愛，因為他們是從一個曾經不被理解的孩子，長成沒辦法了解自己的大人。我們又何苦期待一個連自己都不懂的人，突然長出理解別人的能力呢？

這就是「愛，卻無能」。從事輔導工作超過十五年，我看過無數瘋狂努力、卻依然愛無能的成年人。他們的童年被父母用「我覺得這樣是愛」的方式養大，長大之

後，社會又教導孩子來否定他們愛的方式。他們成了最慌張無助的一代，大家都忙著告訴他們那樣的愛是不對的，忙著指導他們該「怎麼去愛」，殊不知愛的能力並不是這樣就能學會的，愛是透過「體驗」而獲得的。

我常常覺得社會對待「愛．無能」的成年族群太過殘忍了，好像沒有人告訴孩子，要先去理解父母的無能為力。當你願意相信無能為力也是一種愛，就會明白，其實我們大多數的人，還是在愛的環境中長大的。

不要迴避愛無能的時刻，不要在罪惡感中困住自己

關於「愛．無能」這件事如何在我們的無意識中，一代一代保存下去？我想說一對父子的故事。

一位成年的父親，現在已經是社會菁英了，但他的童年大多是不愉快的記憶。父母很早離婚，他跟著爸爸相依為命，爸爸期望他成材，對他管教非常嚴格，白天拚命工作養家，下班後又花時間盯著他寫功課。這位父親還在念小學時，某天，數學課教了加法進位，比如 9+3 這種算式，要進位成兩位數，看起來好像不難。可是，當他回

家開始寫老師派的數學作業時，或許是因為父親坐在身旁，銳利雙眼緊盯著他，他一時半刻間，怎麼都算不出來。父親教了他好多次，他還是不會，最後父親把他的鉛筆和課本給摔了，舉起藤條死命地打他：「你怎麼那麼笨啊！你是豬嗎？我怎麼會生出你這種兒子啊？」

那天之後，他對父親充滿懼怕，父子之間的距離更遙遠了。幾十年過去了，他從來沒有忘記過這一幕，等他成年也成材，懼怕的感覺逐漸轉成厭惡，他發誓自己不要成為像父親那樣的人。

命運也安排給他一位獨生子，正在念小學。前陣子，兒子的學習時間軸也來到數學進位這個關卡，當週的假日，他陪著兒子複習功課，說也巧合，兒子剛好在進位這點卡關。這位父親讀到自己曾經熟稔的數學課題，一種不舒服的感覺從心底冒了上來，他告訴自己，等下不管兒子做得怎麼樣，都不可以像爸爸當年罵自己那樣地罵他。

時間一分一秒過去，兒子怎麼都學不會數學進位，他理智裡有個聲音在控制著，耳朵卻聽到一連串暴怒的語言，從自己嘴裡吐了出來：「你是豬啊！這種題目都不會？你怎麼那麼笨？到底是誰生的啊？」

他邊罵兒子邊崩潰：這不是我！我不是這個樣子的！這真的不是我！

很多人以為，人應該是有能力控制自己行為的，一定是因為心智做了選擇，才會去學習仿造別人的行為。但對許多「愛・無能」的人而言，這種失控的感覺，根本就像無意識裡躲了一隻操控自己的惡魔，讓他們自動化地複製父母的行為。

我現場聽過這位父親的告解，我相信那個暴怒的當下，他是由內而生的痛苦。該怎麼辨呢？如果我們身上也有「愛・無能」的毛病，到底該怎麼辨呢？對我而言，這個答案很簡單，就是不要迴避這些愛無能的時刻——當它發生時，不要在罪惡感中困住自己，要馬上覺察並且採取不一樣的行動。

替我們的父母，向年幼的我們說聲抱歉

很多人會說，這種感覺很懊惱，有些父母還會說，情緒失控對孩子很抱歉。但如果你繼續卡在這些負面感受裡，通常結果會是：你狂飆一頓後，帶著自己的傷痕跑去躲起來，不知道怎麼面對孩子，就乾脆絕口不提了。或者對有些人來說，你出氣的對象不是孩子，而是身旁的另一半。

情緒的防衛機制，讓我們以為躲起來，就可以假裝事情沒有發生，但這絕非事

實。事實是，當複製原生家庭的景況出現時，你越躲起來不做處理，就越會困在無法脫離原生家庭的泥淖當中，無法自拔。要解決這種感受只有一個方法，就是趁著你後悔、懊惱的時候，立即跨出腳步，去做一些和原生家庭不一樣的事。

這位父親後來怎樣了呢？他雖然惡毒地罵了孩子一頓，心裡的罪惡感讓他又氣又煩，但當他稍微將注意力放在自己急促的呼吸上，便開始覺察到，這其實是童年創傷復發的時刻。覺察以後，他先將教孩子功課的任務，由太太接手，自己衝進浴室去洗把臉，平復煩躁的心情和復發的創傷。最後，他走出浴室，來向孩子道歉。

是的，這位爸爸向自己的兒子道歉。

在無意識的世界中，這句道歉不只是這位爸爸對兒子的，也是代替當年的爸爸對當年的兒子說的。

我們明白自己錯了，向孩子道歉，同時也替我們的父母，向年幼的我們說聲抱歉。孩子，我是愛你的，我只是患了愛無能的毛病。

我們不需要孩子的原諒，因為這句話，是為了我們自己說的。

他的兒子馬上神奇地學會了數學進位。

【複製效應】

無意識地重現童年時期被父母對待的方式，特別是那些具有創傷性的對待方式，目的是透過這些再生經驗，使過去的負面情緒有抒發和矯正的機會。

與「複製效應」最為相關的概念，莫過於精神分析理論中的「強迫性重複」。這個觀點最早由佛洛伊德提出，英國的精神分析學者瓊斯（Ernest Jones）則把它定義為一種盲目地重複早期經驗與情境的衝動，不論這些行為可能帶來多少毀滅性，我們總是無法用意志力停止這種經驗上的重複，因此才用「強迫」的概念來加以命名。

這個理論在精神分析領域被討論許久，近代的精神分析學者對此進行補充，認為「強迫性重複」對人們的創傷復原是有意義的。某些發生時我們還無法理解的創傷，心智會強迫性地先記錄下來，期待有一天能把這個經驗理解清楚。換句話說，強迫式地重複經驗是為了理解創傷，理解創傷則是為了矯正與超越它。

和情緒對話

我以為你不會永遠都在，
我又以為你永遠都會在。
於是我就不再去想，你到底會不會一直都在？
但事實證明，有一天我們還是會面臨分離。
我不想等到失去了，才知道要珍惜，
卻又沒辦法時時刻刻用失去的心，來珍惜你。
原來我對你還有生氣。
原來我要在生氣中，學會愛你。

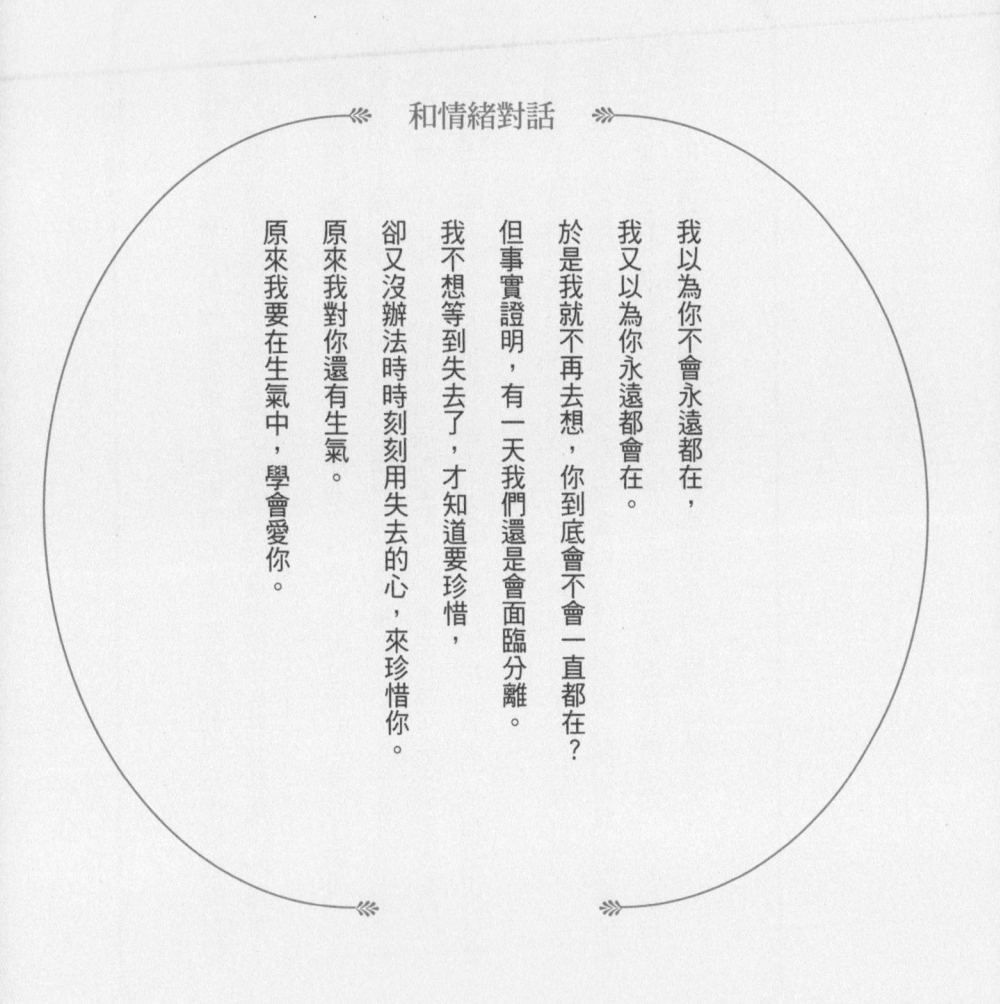

09 分離效應

感覺失去，才懂得珍惜

西元二〇一〇年，一個我永遠不會忘記的日子。

年初，我肚子裡懷了第二個寶寶，然而同一個學期，我預計要寫完博士論文，加上一邊全職上班，一邊帶著大女兒。當時還沒退休的母親怕我辛苦，便時常在假日從台南老家北上，協助我照顧小孩，使我能多空出一點時間，順利完成繁雜的研究工作。

那天，是週末的晚上，我剛下班。回到家時，看見母親拿著吸塵器在我家客廳來來回回，我跟她打招呼，讓她不要忙了坐下來休息，她對我「喔」了一聲，幾秒後又開啟那嘶嘶聲響，來來回回地在客廳裡穿梭。這樣的狀況持續幾分鐘後，我開始覺察到母親的異樣，她注意到我看著她，停下忙錄的舉動，一雙困惑的眼神問我：「今天是幾月幾日？」

我感覺自己的心臟開始高頻率地跳了起來，母親又問：「我為什麼在這裡（而不是在老家）？」

「媽，你不要嚇我耶。我懷孕了，你來幫忙。」

「蛤？你懷孕了喔？恭喜！」母親彷彿第一次聽到這個訊息，臉上的困惑瞬間被驚喜的表情給壓了過去。

不安卻在我心裡逐漸擴大。果然，恐怖的事情接著發生了，每隔幾分鐘，母親就重複問我同樣的問題：「我為什麼在這裡？」「你懷孕了喔？恭喜！」

沒有太多遲疑，我帶著母親前往台大醫院掛急診。等待診斷的過程中，我感受自己彷彿正面臨生命中最黑暗的時刻：現在發生什麼事了？母親是失憶（失智）了嗎？為什麼這麼突然？怎麼辦，我前兩天還對媽媽那麼大聲說話？

你到底會不會忘記我？會不會一直都在？

我在一片茫然中溺水，原本總在我危難時被我當成浮板的母親，此刻正如同做錯事的小孩，在陌生的環境中攥著手，等待上帝宣判結果。看她這副模樣，我覺得自己更像坐在審判台上等待的那個人，一場突如其來的意外大聲喝斥著我：「你說？你有沒有好好對待你的母親？」

對不起，我真的沒有好好對待她。像個小孩一樣，我在心裡向上帝默禱：請不要那麼早帶她回家，不要那麼早帶走她和我之間的回憶。

請讓她趕快好起來，我以後會好好對待她。

「我們都做過檢查了，找不到任何原因。」幾番折騰後，醫生宣布：「這就像突然腦袋短路一樣。她現在突然失去短期記憶，所以近期發生的事都想不起來，但長期記憶是沒有問題的。」

「這是……失智嗎？」我問。

「也不能這麼說。」醫生搖搖頭，給了一個最模稜兩可的答案。

「什麼時候會好呢？」

「每個人的狀況不一樣，也許等下就好了，也許幾天，也許幾個禮拜，也許……」

帶母親回家的路途上，我依舊徬徨。成年之後，我從來不曾像那天一樣，連睡覺時也緊緊守在她身邊。那個晚上我和她同睡一張床，而她每隔幾分鐘就會轉過身來問我：「我怎麼會在這裡？」「蛤，你懷孕了？恭喜！」

我整夜不敢闔眼，膽戰心驚地，連哭的時間都沒有。

隔天，就好像短路的電路板突然接通了電源，母親回復原本正常的模樣，之後，她腦袋裡幾乎完全忘了這一天一夜的失憶過程。

母親恢復後，我們拿著檢查報告的結果，又跑了好幾間大醫院，但得到的答案都差不多：不能保證會不會再發生，有可能會，也可能不會。

我的擔憂卻不曾消失，不再敢讓母親單獨帶著我的稚女外出。可能失去一個重要的人的感覺，擴大成可能同時失去兩個重要的人的感覺，兒子出生後，又多了第三份牽掛。

我原本答應上帝，如果把母親的回憶還給我，我會好好對她。然而，隨著時間流逝、兒子出生，繁雜瑣事的層遞堆疊，我又失去了那天晚上對待母親的柔軟。

當分離是可能隨時發生的存在，才明白對彼此的真正期待

是不是總要感覺到，有一天她真的可能會離開我時，我才會記得心甘情願地對她好呢？

我終於明白自己為何總是工作過於忙碌？原來我還停留在父母年輕、我年幼，我

我不想等到失去了，才知道要珍惜。卻又沒辦法時時刻刻用失去的心，來珍惜你。

原來我對你還有生氣。原來我要在生氣中，學會愛你。

們不會分離的那個時空，以為自己總要摘下天上的榮耀，才能為他們的心靈增添光芒。

曾幾何時，母親已邁入老年，我也不再年輕，我們分離的可能性一下子衝上宙斯的殿堂。她的眼神已從天上落下，看見身在凡間的我，但我卻從那個為父母摘下榮耀的我，長成為自己追求榮耀的我了呀？

父母花了前半輩子的心力，將我們送到離他們最遠的地方，我們又怎麼從那麼遙遠的地方，跑回到近在眼前的父母身邊呢？

「工作如果不開心，就不要做了。」那天，母親這麼告訴我。

「為什麼我小時候，你不這麼說呢？」我問。

她沒有回答。但我知道這是個沒有對錯、也沒有答案的問題。

小時候，我們努力追求榮耀，用這種方式來討父母歡喜，來滿足他們的需要，以淡化自己心裡可能被他們離棄的焦慮。長大以後，我們關注在自己的渴望與目標上，換父母親使盡辦法，來淡化可能被孩子離棄的焦慮：有些父母是噓寒問暖，有些則是酸言酸語。

直到有一天，我們覺察到，分離不只是一種令人恐慌的感受而已，它是可能隨時、真實發生的一種存在，我們才明白對彼此的真正期待是什麼？

不是榮耀，也不是傷害。是可以緊牽著你，陪伴相守。

雖然，這常常也只是一瞬間的感受而已。

【分離效應】

感受到失去的可能性，才突然想要開始珍惜，一旦失而復得，卻又故態復萌。反反覆覆中，人感受到自我矛盾的罪惡感。

心理學研究發現，當孩子長到大約六、七個月左右，會開始害怕陌生人，對於與照顧者分離時，表現出明確的負向感受，這種現象被心理學家稱為「分離焦慮」。

對年幼的孩子來說，分離焦慮的展現是直接的，因照顧者離去感到不高興時，就哭鬧、發脾氣。然而，當照顧者的行為反應無法讓孩子感受到自己的焦慮被接納、被理解，孩子便可能用反向方式來抑制心裡的分離焦慮。抑制反應發生以後，孩子的自我將發出訊號，讓內在心智誤以為自己並不在意那些引發分離焦慮的人，並且逐漸長成偽裝獨立的成年人。這裡所談的「分離效應」，即在探討這種現象。

和情緒對話

我好像愛你，又好像恨你。

只說愛太噁心，說恨又太無情。

這種複雜的感覺，讓我沒了頭緒，只能停在這裡。

在我和你之間，我只能停在這裡。

怕靠太近，會彼此傷害。

怕過分遠離，從此以後不再有新的可能性。

請你理解我好嗎？

如果可以，最好加上一句：「這樣也沒關係。」

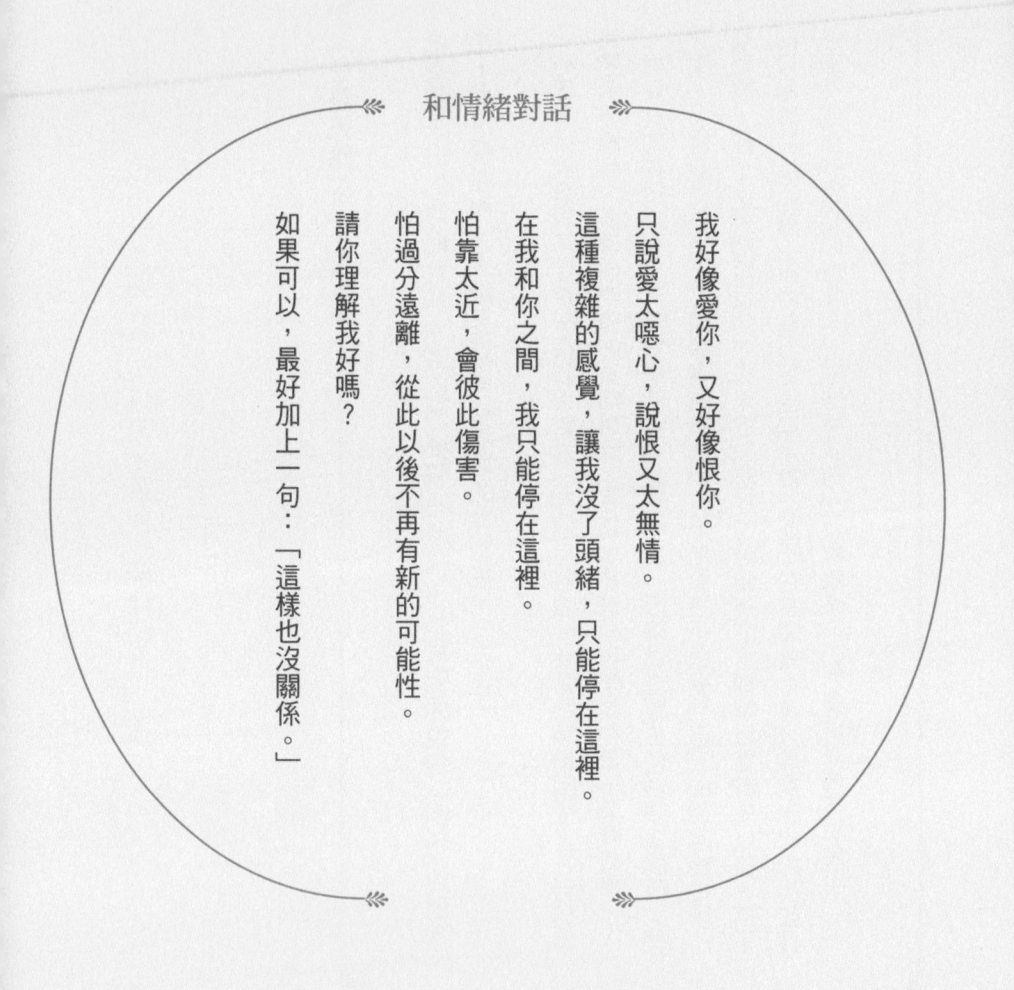

10 地雷效應

對你愛恨交織，所以進退兩難

每年六月是畢業的旺季，心理學研究所裡也滿滿是等著通過碩士論文的畢業生。這年的碩士論文中，有一篇讓我印象特別深刻的主題，研究內容是關於成年男性對母親表達情感的困難：為什麼成年男性會有情感表達的困難呢？在情感表達的困難中，是愛意的表達困難？還是恨意表達更困難？

這題目實在太有意思了，而且研究方法還是以質化訪談進行資料搜集，所以我可以從論文中，讀到接受訪談的男性們所說出來的原話。收到論文初稿後，我迫不及待地打開來閱讀，果然看見許多有意思的論述。

其中一位受訪者說，在成長過程中，與母親的相處經驗是「愛恨交織」，對母親的愛是混雜的、不夠純粹的，所以如果要單單只對母親說「我愛你」，實在是件相當困難的事，因為，這根本不是事實！

無法在關係中退讓，可能因為心頭還卡著生氣的情緒

「愛恨交織」四個字用得精準，我忍不住望著它們發笑，在上頭畫下個大大記號，一邊想像身為母親的自己，與兒子之間的相處。確實，不論我再怎麼愛孩子，總會因為他太調皮而有想要修理他的時候，不可能事事任由他隨心所欲。每當我對兒子有所限制時，他總會嘟起小嘴，側過身子不願理我。

想到這裡，我恍然大悟：對呀，這種氣呼呼的時刻，不也是一種恨嗎？諸如此類的情感，在他成年以前不知道還要經歷多少？如果孩子沒能好好地消化這種「愛恨交織感」，成年以後不也是會繼續對我「愛恨交織」嗎？

倘若如此，他既不能對我說：「媽，我真是『愛恨』你！」更不可能只說：「媽，我實在『恨』你！」如果他又是個耿直而不善於假裝的孩子，要他光是表達「媽，我『愛』你」這種感受，當然也就十分困難囉？

我進一步往下想，如果這種「愛恨交織感」沒能被好好地看見、接納、消化，男人對母親感受如此，對朋友、伴侶是否也會如此呢？我想起有幾次，我的先生和他母親在電話中也起過爭執，掛掉電話後，他會開始做起伏地挺身，對我說話變得沒好

氣。我再次恍然大悟：喔，原來這些都是「愛恨交織感」啊？

原來對許多人來說，沒辦法說「愛」，真的是因為「愛」裡也參雜著「恨」？無法在關係中退讓，可能因為心頭還卡著生氣的情緒？當我們還無法釐清自己的感受，究竟是往正向還是負面的地方蔓延，這種感覺就像一不小心踩到埋在土裡的地雷，前進也不是、後退也不是，說也不是、不說也不是，只好什麼都不做地站在原地，進退兩難呀！

我突然對伴侶關係的衝突時刻也有了新的想法。在婚姻治療的經驗中，我聽過許多女人抱怨另一半：「都不會在關鍵時刻讓我一下，讓我一下有那麼難嗎？」現在想來，要男人在「愛恨交織感」還無法消化時，就要吞忍相讓，實在是不容易啊，因為他們一隻腳踩在地雷上，往前一步可能會炸到別人，往後一步則可能炸到自己。唯有不要表達，才是明哲保身。

覺察心裡的「愛恨交織感」，學習願意表達

這篇論文也回應了精神分析對嬰兒行為的觀察：嬰兒對母親既有關注，也有攻

擊。如果把這種矛盾解讀為「愛恨交織感」，就會發現嬰兒的攻擊表現，其實是需要母親的理解，並透過接納式的回應，來讓嬰兒學會相信：不論是愛或恨、關注或攻擊，母親都不會因此而拋下我離去。人類的信任感建立於此，延伸成未來親密關係中，「愛」的基礎。

然而，從來不曾被母親（或照顧者）接納過心底又愛又恨、進退兩難感受的成年人，又會如何呢？有些成年人會用情感「退化」來處理這種複雜的心情，還有些人會用情緒「停滯」來處理——後者，形成了表達上的困難與障礙。

當一個人的表達功能發生障礙時，需要的是理解；理解的第一步，則是給他們一點沉澱的時間。他們需要深呼吸，需要重新提取心裡的勇氣，需要知道旁邊這個人的反應是穩定且安全的。他們需要時間相信：當他們願意表達時，這些表達不會受到傷害。

我將這本論文翻閱至尾聲，看見那位提出「愛恨交織」的男性朋友說，後來，他學著多和母親單獨相處，從這個過程中，他更懂得母親的想法，也慢慢發覺母親與自己原來想像的不太一樣。

他的說法值得我們深思。為什麼呢？當他沒有覺察到自己的「愛恨交織感」，無意識地迴避，讓他與母親相處頻率甚少，表面上看來是界限分明，井水不犯河水；然而，當他覺察心裡的「愛恨交織感」，並實際去和母親相處時，他反而認識了不一樣的母親。這看來好似打破了界限，和母親變得靠近，但實則是他心裡畫起了更清楚的界線：在「想像」與「現實」之間，在「愛」與「恨」之間，在「該愛」或是「該恨」之間。

當我們對自己的感受、對別人真實的樣貌，有了更清楚地認識，我們就有能力帶領自己，離開進退兩難的處境。

【地雷效應】

糾結的情緒無法釐清，形成表達上的困難，進一步衍生成對關係的迴避。

精神分析大師溫尼考特說：不表達也是一種表達，每個人都有用不表達來表達的權利。這裡提到的「地雷效應」，即是探討這種「不表達的表達」，背後的情緒狀態。

和情緒對話

他們都叫我不要想太多，
但我就是不得不在意，你說的那句話、那個舉動。
有讓人羨慕的，有讓人討厭的，
在我心頭凝聚成一點一滴無法忽略的感受。
我不喜歡自己的在意，不喜歡自己想太多，
卻無法假裝自己沒有這麼做。
直到走近，我才發現原來你有某部分的我。
眼睛是面鏡子，看著你，
我就是知道，你身上有某部分的我。
討人厭的我，受人喜歡的我，被我遺忘的我。
如果不是你，我看不到。
但看到以後，我對你的羨慕和討厭，就不重要了。
因為你是我的鏡子，我也是你的。

11 鏡映效應
在你身上，看見某部分的自己

某年聖誕夜晚上，我和先生都有工作，小孩於是在父母家中代為照顧。工作結束後已經蠻晚了，我先到百貨公司幫小孩購買節慶活動需要的物品，結帳過程中，接到父親打來的電話：「你到底什麼時候要過來？」

對於當時已是疲累狀態的我而言，這句話聽在耳裡，是一種帶責備意味的、不太友善的質問。於是我回應他：「我總要先把該幫小孩買的東西準備好吧？我到現在還沒吃飯呢！」

父親又碎唸了幾句，他的態度讓我心裡覺得有些不舒服，於是我忍不住跟他說：「你和我講話可以不用這樣的。」

老爸也不是好惹的，眼看我和他兩人就要在電話中吵起來了，我只好趕快找個藉口掛上電話。

百貨公司裡，繽紛的聖誕歌曲在我耳邊頓時形成一種缺乏同理心的旋律。我催促先生趕快離開百貨公司，要去把小孩接回來，一路上我心裡想著：剛剛那個片刻究竟是怎麼了？為何這樣的對話，好像時常在我們父女之間發生？

我就是不得不在意，你說的那句話、那個舉動

我想起更早以前去父母家接小孩的某次經驗：

那天，車停門口，撥了電話進父母家請小孩出來，沒想到罕見的是，父親竟然先走出大門，敲著緊靠我座位的那扇車窗。

我直覺地把車窗搖了下來，人還在工作剛結束的疲累中，緩緩轉頭，與父親對上眼後，他立時對我冒出一句話說：「你千萬不要讓你女兒以後變得跟你一樣！」坦白說，那天稍早，我確實和女兒因為她的學習態度而有些爭執。我猜父親意指此事，但在這種時刻，我還沒有什麼心理準備，就被父親這句話惹得崩潰。（爸，跟我一樣是怎樣？你給我說清楚呀！）

我不發一語，默默感到氣憤地把車窗給搖了上來。離開父親家門時，我連看都不

知道怎麼再看他一眼，心裡對他突如其來的一句話，感到相當受傷。

許久以後我才理解，原來父親本意不是要責備我，反而是透過這個機會在表達我與他之間的關係。父親這句話的原貌應該是：「女兒啊，不要把你和孩子的關係，變得像我和你一樣。」只是父親總是用這種簡略的方式來表達，對我而言這話就顯得太過突然、太沒來由了，以致我乍聽之下，心靈遭受相當慘烈的撞擊。若不是後來我在心思上多拐幾個彎去體會，實在很難聽見背後隱藏的玄機。

其實只是在別人身上看見不喜歡的自己

回到百貨公司的情境中，原本在電話裡一秒就被父親惹怒的我，想起這段過往經驗，突然感到釋懷，並覺得自己身上，好像也有幾分父親的影子。

怎麼說呢？父親思緒跳躍，語言反應總比當下實際發生的脈絡快好幾拍，匆促的表達常常讓我難以回應，小時候我總覺得和這樣的父親相處，實在是太令人緊張了。沒想到多年互動下來，我似乎也學會了用這種方式來與父親溝通，來和周圍的朋友們相處。

真是有其父必有其女啊！我最無法適應父親的，或許也是我最無法適應自己的部分；我最無法認同自己的，或許也是最容易在父親身上看見的特質。這就是情緒的「鏡映效應」啊。你以為你討厭的是別人，其實只是在他身上看見不喜歡的自己；你以為是別人讓你受傷，事實卻是傷痕本在心裡，所以對別人的某些反應才特別敏感。

發現真相後，我反省自己方才與父親的通話，實在也反應過甚了。聖誕節夜晚，一路前往父母家途中，我的心情忐忑不安，思考自己待會兒該用什麼樣的表情去面對父親？

笑臉迎人？倘若父親因為方才不愉快的電話而不領情怎麼辦？

板著臉孔？這作為又太超過我的本意了？

車停在父母家門口時，內心惱人的糾結，讓我做了好幾個深呼吸，才有勇氣搖下車窗。看見父親走出大門，我刻意扯開嘴角，露出難看的微笑，想要故作平常地對他說話，然而一抬起頭我就發現，父親臉上掛著跟我一樣難看的表情。

我們都沒有再提起那通不愉快的電話。果然，這是我爸，我們是父女，我們有一樣的溝通障礙和無能為力。只是，我們也盡力在表達對彼此的心意，即便我和他的關係，好像不是典型和樂融融的父女，但或許這已經是我們之間最好的模樣了。

【鏡映效應】

當我們對某些人的行為舉動產生特別強烈的情緒反應時，往往是因為那人身上有我們討厭、渴望或遺忘的自我。

法國精神分析學者拉岡（Jacques Lacan）提出「鏡像階段」的概念，談的是幾個月大的嬰兒還沒有自行站立、行走的能力，生活日常多倚靠照顧者的抱持，此時嬰兒在鏡子裡頭看到的是被人抱著的自己，但在嬰兒未成熟的心智中，會先將自我與他人在鏡中的影像混淆，直到嬰兒心智逐漸成熟，才有能力在那些「不是我」的地方看見自己，只是這過程還是包含許多理想化的幻想與錯覺。

在別人身上看到的，究竟「不是我」？或者「就是我」呢？便成了心理學家對人類「自我認同」如何發展的研究中，一個相當重要的命題。

這裡對於「鏡映效應」的討論，延續這種「在別人身上看見某部分自己」的概念，特別關注在人們如何從別人身上，看見引發內心負向情緒的那些負面的自我。

和情緒對話

我怪罪你的力量有多大，
我心裡的脆弱就有多大。
你害怕我怪罪的力量有多強，
你心裡缺乏自信的程度就有多強。
我將我的不如意寄託在你身上，
如果你的心智夠堅強，
就會知道你可以離我離得遠遠的。
即便我會在你身邊刮起狂風暴雨，
你還是可以表現得雲淡風輕。
只有當你也在意我時，
你才會被我的情緒寄生。

12

寄生效應

把我的情感張力，寄託於你

念碩士班時，我曾經在補習班教書。我的位置原本屬於一位補教業名師，但由於某些因素，他換到對手補習班任教，學期之間的臨時更換，讓許多慕他名而來的學生抗議，要求退錢。

我也曾是補習班裡的一名學生，經理詢問我可否在此危機時刻幫忙救火。我年紀雖輕，「憨膽」卻不小，毫不猶豫地答應了，並立即投入撰寫講義內容，沒想到等我站上補習班講台當天，才發現自己撰寫的講義上印了一個補教藝名，而這個名字和前一位老師的化名，雖不同字，讀起來卻是同音。

當年我才將滿二十三歲，顯然是憨膽有餘、勇氣卻不足，感覺哪裡怪怪的，卻沒有跨出腳步去處理。老闆一句：「這名字又不是誰的專利？」我就默默接受了，從沒想過之後要花上十多年時間來收拾後果。

我怪罪你的力量有多大，我心裡的脆弱就有多大

補習班任教我很快上手，學生反應不錯，人數也越來越多。沒想到兩年後，碩士班畢業的我進入職場，巧與前一位名師相逢，成了工作上多有重疊的夥伴。更精確地說，我們原本分別站在兩座補習班山頭，老天卻大筆一揮，硬把我們圈進了同個空間裡。

我很早就認識老師，卻不確定他是否記得當年的我，許多次想開口提起此事，出於對關係的在意，又不知怎麼開口。這樣一拖又過兩年，就在我要離開當時位置前，一次談話中，我終於主動說出自己擔任補教一事。

「噢，原來是你啊！」他竟然露出燦笑，「如果是你的話就沒關係，你就跟我妹妹一樣。」

我的心情就像從十萬英里的高空跳下，急速落地前，被老天的大手穩穩地托住，下到平地安放。當晚，我開心地外出慶祝，終於放下心中大石，卻忘了把手機帶出門。回家後檢視手機，擠爆的留言把我的心都聽沉了。

先是補習班留言，說有人到教室現場鬧事，再來是早先才對我說「沒關係」的師

長，留下哭泣怒罵的語音留言。

隔天，我辭去補教教職。十多年來，我都在反省，當初究竟發生了什麼事？

這件事發生後，我在領域內變得很「紅」。

博士班畢業，我開始尋覓大學教職，到北部幾所學校應徵，認識的朋友常偷偷問我：「有沒有得罪我們系上的誰？」他們問的都是年紀大我一截，我早先就讀過他們的著作、讓我十分尊敬的師長，這些人我一個也沒見過，但他們彷彿都十分熟悉我，謠傳我是個背信忘義又可惡至極的人。

研究生剛成為我的助理時，十分懼怕我，我一直摸不著頭緒，直到快畢業他才告訴我，當年他要來我任教的學校就讀前，曾有一位老師好心地提醒他：小心，那裡有個很可怕的老師。「老師，可是我覺得你和我聽到的不一樣。」研究生這麼說，我由衷感謝他。

我也收過教育部來函，有人發信到教育部長信箱說，在網頁上查到我違法擔任某診所的顧問？邀請我上電視的節目製作人接到匿名投書說，你們怎麼可以找那種人上節目？素未謀面的心理機構人員告訴相關產業的廠商說：小心一點，不要找那個人合作了？

我敬愛的長輩忍不住問我：是不是曾對那位老師拍過桌子、摔過門？學校教授困惑地打電話問我：有沒有把所得稅報在那位老師名下？

然後某天，我突然收到一封對方親筆寫來的信，信末指導我如何能與他和解的方法。這種感覺很像被高科技的無人機給鎖定目標，我們早已沒有聯絡，但你還是知道有人躲在生活暗處，緊盯著你，至死方休？

不見得所有過往，都值得在你心上停留

坦白說，這些經驗實在難熬，尤其當年我人微言輕，只有默默認命的分，個性因此更加內向自閉。日子過得越辛苦，我越往心理治療的專業裡頭鑽，越要靠自己的力量站起來，不知不覺地，就這樣接受數百次分析治療。

某天我突然領悟：當我們覺得自己被人盯得很辛苦時，那個費盡力氣要盯著我們的人，是不是過得更辛苦呢？一個人不把生命焦點關注在自我發展上，卻要花時間緊抓住與他無關的瑣事，又是一種什麼樣的心情與生活呢？

當然，我也曾後悔當年，也曾想要和解。吃過幾次閉門羹後，才發現對方想要的

勇敢地把寄生情緒從你心裡剪掉，
你的內在才會讓出空間，接受生命中新的美好。

或許是「拿著」，而不是「放下」，想要讓彼此情緒繼續共生糾葛。然而，這是我想要的嗎？我想要這樣被別人的情緒寄生嗎？

我沒有一定的答案。或許，不同時期的我們，面對不同的人，也會有不同的感受與心情。

然而我想起作家張曼娟說的：「我們想做的事情很多，沒空陪你們窮攪和，說實在的，我連停下來讓你踩兩腳、捅兩刀的時間都沒有。」

我十分認同這個觀點。當我們面對他人的情緒寄生時，如果還在可以承受的範圍，笑笑地掠過那些攻擊就好，也許別人只是藉此在處理自己生命的議題。

但如果這種情緒寄生已經超越你可以接受的範圍，為了你自己，請主動說出你想說的話，表達完之後，也請勇敢地把這些寄生情緒從你心裡剪掉，你的內在才會讓出空間，接受生命中新的美好。

終有一天你會發現，不見得所有過往，都值得在你心上停留，也不見得所有的人，你都要獲得他們認同。

【寄生效應】

為自己的不如意尋找一個代罪羔羊，有了怪罪對象就不用面對自我的脆弱，和其他更貼近真實的感受。

當人與人湊在一起，便形成人際關係的「系統」。倘若系統裡頭的關係壓力升高時，系統中的某個人，便可能藉由發生問題來轉移大家的注意力。這個透過自身症狀來代替大家「發病」的對象，就是家庭治療師所稱的「代罪羔羊」。

這裡提到的「情緒寄生」現象，將系統理論中的「代罪羔羊」概念加以延伸，指的是當人際關係或個人內在發生壓力時，也會透過這種尋找「代罪羔羊」的方式，來傾瀉內心的負面情緒，以轉移某些難以承受的自我的關注力。在這種狀況下，理性通常難以發揮作用。

和情緒對話

一個商人帶著一隻駱駝去載貨，
商人在駱駝的背上放了許多好重的貨物，
駱駝勉強撐住了。
沒想到，這時風吹來了一根稻草，
稻草飄進了駱駝背上的那堆貨物裡，
這突如其來的輕如鴻毛的一根稻草，
居然把剛剛勉強撐著的駱駝，給壓死了。
死去的駱駝來到上帝的面前，
哭著對上帝說：「早知道我就踢掉幾箱貨物。
他奶奶的，我早就想這麼做了！」

13 稻草效應
當我對你忍無可忍時

一個女人準備要結婚了，準婆婆將她喚去，把家傳的手鐲傳給她。「你是長媳，要擔負起興旺家族的責任。」準婆婆指著與自己房間最靠近的那扇門說：「未來這門後就是你的家，要記得丈夫是天，凡事要以他的意見為優先，婚姻要懂得忍讓。」女人默默地記下婆婆的話，心裡掛記的是，自己家裡也有個身體欠佳的老母親，需要女兒陪伴。

女人結婚後，婆婆不太喜歡她回娘家，女人雖然顧念母親的病，仍是默默地遵循婆婆教誨，即便她的先生知道岳母身體不好，也沒有為妻子的娘家說半句話。偶爾岳母真的病急了，先生也只是站在自己媽媽的立場，讓妻子別花時間去忙那些原生家庭的事。

女人繼續默默地忍讓著，有時她會擔憂娘家媽媽到夜不成眠，卻還是要耐著性子照顧夜晚喝得醉醺醺才回家的先生。那天，剛好是婆婆過七十大壽的日子，壽宴上，女人接到娘家兄弟打來的電話，說媽媽的狀況不好，醫生請家屬儘早到醫院做後續安排。女人聽到消息，心裡急得不得了，匆匆忙忙地想要離開，先生卻說：「這是我媽一輩子一次的大日子，你就不能等到大家吃完飯，好好地送走客人，我們再一起離開嗎？你現在跑走，我媽在賓客面前會很丟臉。」

女人心想：「這是你媽一輩子一次的大日子？我卻連我媽以後還會不會有日子都不知道？」但她看著先生嚴肅的臉，終究還是妥協了，魂不守舍地留在壽宴現場，結束後才催著先生離開。先生載著她前往醫院的路上，還不太高興自己太太送客時，臉上沒有堆起笑容。

趕到醫院，女人在走廊上快步奔走，遠遠就聽到病房裡傳來的哭聲。她眼皮直跳，心裡有不祥預感，果然才打開病房門，一眼就望見已被醫生確認死亡的母親，哥哥和弟弟、妯娌和小孩們在母親身旁分站兩排，病床上的肉身尚有餘溫，卻早無生氣。

病房裡的哭泣聲此起彼落，一股既哀傷又憤怒的思緒趕走她內心的著急，思緒在她身體裡頭通了電，突來的電擊彷彿讓她恢復了喪失多年的理智，理智使她如同一位歇斯底里的潑婦，使盡全力地指著站在病房門口、表情怯懦不安的先生，「都是你！

都是你！都是你！你滾！你滾！你滾！……」

結婚那麼多年，女人其實過得並不開心，朋友都笑她，怎麼這麼能忍？直到這一刻，她過去的忍耐全傾洩了出來，在先生頭上張起一片專屬烏雲，淋得他狗血淋頭。然後，就像最後一根稻草終究壓死了駱駝，他們的關係再也回不了頭了。

即便遇到看似會導向不幸的元素，仍然可以有不同的選擇

另一個女人也有相似的婚姻問題。

那是她生了寶寶之後，頭兩年孩子成長得特別快，衣櫃裡時不時地會出現已經穿不下的小衣服。女人會把衣服一件一件疊好，封裝成袋，心裡的盤算是，也許下一胎時還用得上，或者自己的姊妹也生產，可以藉由這種分享來維繫彼此的感情。

那天，一位遠親表妹到家裡拜訪，恰好看到她剛整理好、放在餐桌旁邊的小孩衣物。表妹驚呼：「哇，這麼多衣服啊，可以借我看看嗎？我正愁著要給孩子買新衣呢！」婆婆聽表妹這麼說，連忙大方地說：「這樣嗎？那你看看，有什麼喜歡的儘管帶走。」

「啊，這方便嗎？嫂子不知道有沒有其他用途？」

「還能有什麼用途啊，你嫂子的不就是你哥的嗎？那阿姨作主就行了，給你不等於是給自己人嗎？」

女人原本在廚房忙著，無意間聽到這段對話。她把手邊水果削完裝盤，端上餐桌加入婆婆和表妹的討論，「表妹打算給孩子買衣服啊，改天我看到哪幾間還不錯的店，再把地址報給你。」她笑笑地對表妹說了這句話，接著轉身面向婆婆說：「媽，這些衣服我想要自己留著。」

女人的直接似乎讓婆婆臉上有點掛不住，婆婆說：「你留著有什麼用？給你那些朋友就浪費了，表妹是自己人，幹嘛這麼計較？」

「媽，表妹如果喜歡，叫我老公給她買了送去，哥哥送妹妹東西也是應該的。這些是我的東西，就讓我自己安排吧，好嗎？」

這樣一段話下來，她怕是把婆婆給得罪了，但婆婆也開始明白，媳婦的東西是媳婦的，她有想要自己作主的權利。同一個屋簷下的兩個女人，彼此之間保持一條楚河漢界的距離，雖然少了融合在一起的親密感，卻也因此而鮮少有紛爭。

她們的關係就這樣平平淡淡，勉強稱得上相互尊重，以至於婆婆晚年躺上了病床，女人還願意感念她多年付出，沒有怨懟地在婆婆身邊親力親為、善盡孝道。

我們無法決定自己的人生會遇到什麼樣的人，或者該說，我們沒辦法決定遇到的人是不是自己想像的模樣。然而，即便人生中遇到了某些看似會導向不幸的元素，我們仍然可以擁有自己不同的選擇。

【稻草效應】

對其實無法忍受的事物，過分忍耐，會讓人變得像一顆定時炸彈，因為一點小事就情緒大爆發；不願忍耐自己無法忍受的事物，雖然隨時都可能釋放出緊張，對關係卻反而沒有毀滅性的影響。

佛洛伊德認為，面對某些不舒服的感受時，我們會因為無法處理這些焦慮感，而採用「壓抑」的方式來抑制它。

這裡談到的「稻草效應」，探討的即是「壓抑」對我們情緒狀態的影響。

和情緒對話

你的感受我都知道，
彷彿我也有和你一樣的感受。
我不忍看你受苦，我想幫你分擔你的苦難。
我不需要問你：「我這麼做好不好？」
因為我就是你，我感受得到你，我是為你好。
即使犧牲自己，我也想讓你過得更好。
你好，我就好了。

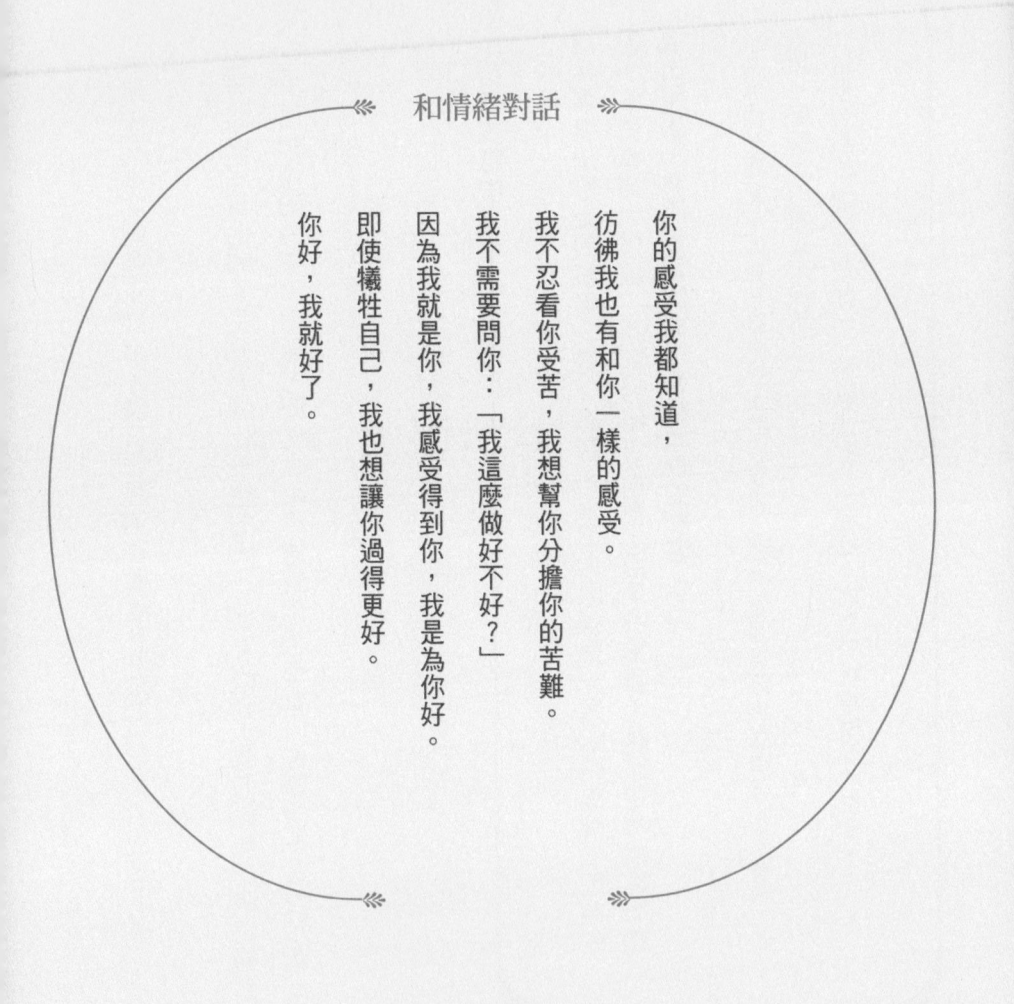

14 融合效應

其實是為自己，而不是真的為你

小時候，住在我家附近的鄰居大姊姊懷孕了，肚子一天天隆起，許久後再見到她，卻見她小腹已恢復平坦，懷裡抱了個小嬰兒。我心裡想著，生個孩子竟是這麼簡單的事？

長大以後，我才知道一個生命的誕生，原來是如此不容易。懷孕數月，擋住我和腳趾頭之間視線的那顆神祕球體，現在長成身邊會張嘴大笑、大哭的兒女。還記得第一次抱著他們，他們看著我，我也望著他們，他們彷彿能感受到我的喜怒哀樂，我難過時他們垂下小嘴，我欣喜時他們眉開眼笑。我們自成一個小宇宙，整個世界都被阻隔在窗外，在遙遠的藍天的背後。

戀人之間也常有這種神祕經驗。在初次約會的月光下，在凝視你我的窗台邊，我們能看進彼此的心靈，懂得對方最深層的哀傷與渴望，你的不快樂是我的責任，你的開心是我的成就，像是前輩子的命中注定，已經相識長達三生三世。

心心相映，你儂我儂，同步的感受發生在親子間、在情人間，在許許多多的親密關係之間。但心理學偏偏要給它一個超級不浪漫的定義：融合。意思是心理分化的困難。

一份彼此在意的關係，讓自己不知不覺被對方的喜怒哀樂給佔據

君君的爸爸在金融海嘯的風浪中失業了，原本位居高階，享受年薪數百萬，卻一夕之間變成被宰的肥貓，失去所有。雖然爸爸的條件不難另起爐灶，找到新工作，但困在自尊心的關卡，不願屈就於不如以往地位的工作，成天在家借酒澆愁，家人都十分擔心。

君君每天放學回家，看見父母愁眉不展的模樣，整顆心也跟著糾結起來，她覺得好像是自己念書花了父母太多錢，才害爸爸需要這麼辛苦地工作。君君瀏覽了所有具備高薪可能性的行業，最後瞞著父母打工，到酒店陪酒。酒店裡不乏對她毛手毛腳的客人，所以君君常常忍著不舒服的感覺去工作，拿錢回家時又強顏歡笑。但她和家庭

不論有多麼艱難，我們終究得承認，
每個人一生真正承擔得起的，只有自己的人生。

的關係本就十分緊密，母親看她如此，又怎麼都問不出所以然來，便更加以淚洗面，整個家庭沉浸在強大的低氣壓中，難以自拔。

我是因為你難過所以這麼難過，你又是為了我痛苦才如此痛苦，那麼，到底是你幫我好，還是我幫你才對？我們究竟該怎麼辦才好呢？

在親密關係中，你我的情緒融合之所以如此困難解決，是因為融合的開始往往源自於愛。一份彼此在意的關係，才讓我們敏感地去體察對方的情緒，但體察太深時，我們又會不自覺地將自身感受的重要性降低，於是我們情緒的重心，不知不覺地被對方的喜怒哀樂給佔據了。這種時候，內在會浮現一種很深的焦慮感，當對方的心情無法處於一種風平浪靜的狀態時，我們就感覺自己好像也被推到了浪尖上，非得做些什麼，來讓情緒的海面回復平穩。

你發現問題在哪裡了嗎？當「融合」的狀態發生時，我們看起來好像想要為對方做點什麼，事實上卻是因為這麼做，才能解除我們自己的焦慮。

這世上沒有任何一段關係，能忍受永遠的融合

我們再來想想，接下來會怎麼樣呢？倘若對方接納了我們因為自身焦慮所做的事情，甚至認同了這些事情是為他們而做的，我們可能越做越多，逐漸讓彼此形成一種互相依賴的關係。就像一個母親老是要抱著已經學會走路的孩子，而孩子也因為不想讓母親失望，所以假裝自己走路還走不好。

倘若有一天，其中一個人想要覺醒，離開這樣的依賴時，往往會引發另一方的痛苦或譴責。但事實上，我們的內心深處卻清楚地知道：這世上沒有任何一段關係，能忍受永遠的融合。

朋友之間如此，手足之間如此，親子之間如此，伴侶之間更是如此。活在融合裡頭的人，其實並不是真正感到幸福，反而是空虛的、不安的、辛苦的。

緊緊抓著彼此，是因為害怕放手以後，就沒有獨自活下去的能力。習慣緊抓不放之後，卻又把自己訓練得更加焦慮，然後焦慮就把你原本的潛能，全都給封鎖了起來。

當君君理解到，陪酒工作是為了處理她自己的焦慮，而不是真正在幫父親解決問題時，她辭去這個讓她感到不舒服的工作，透過學校的安排，申請了提供住宿的產學合作，到外地的美容院當學徒。每一個月領薪水時，君君都只留下自己生活所需的基本費用，其餘全寄回家給母親。幾個月下來，母親彷彿感受到君君的用心，臉上開始浮現許久不見的笑容。

雖然父親依舊頹靡不振，但因為君君沒有賺那麼多錢回家了，父親的酒也逐漸喝得更少了，幾年之後，父親終於被一間企業聘為顧問，薪水只有過去的十分之一，但起碼顧問的頭銜，讓父親覺得能夠維持自己的尊嚴。

君君慢慢體會，父親或許永遠不可能像以往那樣了。看著自己崇拜著、愛著的父親，逐漸老去凋零，不再精明能幹，也不再目光炯炯——這是君君身為女兒的失落，但她再生氣、再心痛，也很難改變什麼，因為這是父親自己得要面對的人生。

不論有多麼艱難，我們終究得承認，每個人一生真正承擔得起的，只有自己的人生。

【融合效應】

對所愛之人的喜怒哀樂過於感同身受，所產生的焦慮感，因而想要為對方多做些什麼。

何謂嬰兒式的不成熟心智呢？精神分析學者哈特曼（Heinz Hartmann）認為，就是一種內在「未分化」的心智狀態，人與我、本能與本能之間都沒有清楚的界線。因此，與他人相處時，也特別容易進入一種心理融合的狀態。

成長過程中，倘若照顧者本身的自我主體概念清楚，比較容易協助孩子逐漸獲得「分化」的心智能力，在人與我的情感之間畫出界線，知道自己可以承擔與負責的是什麼。但是，因為種種環境或自身的變數，「分化」能力不見得隨著年齡增長就得以充分擁有，那麼，我們成年後面對人我關係時，便也容易因為別人的情緒而感到焦慮。

這裡所談的「融合效應」，即是這種尚未完全分化的心智狀態，如何持續對成年人造成影響。

和情緒對話

我以為我看見了你，我也確實看見你，
但我的視線只是從你的瞳孔反射回來，
讓我看見自己。

因為我不敢看進你的瞳孔裡，
所以只看得見被你瞳孔映照出來的我自己。
如果我想看見的是你，
就要先接受，我其實看不見你。

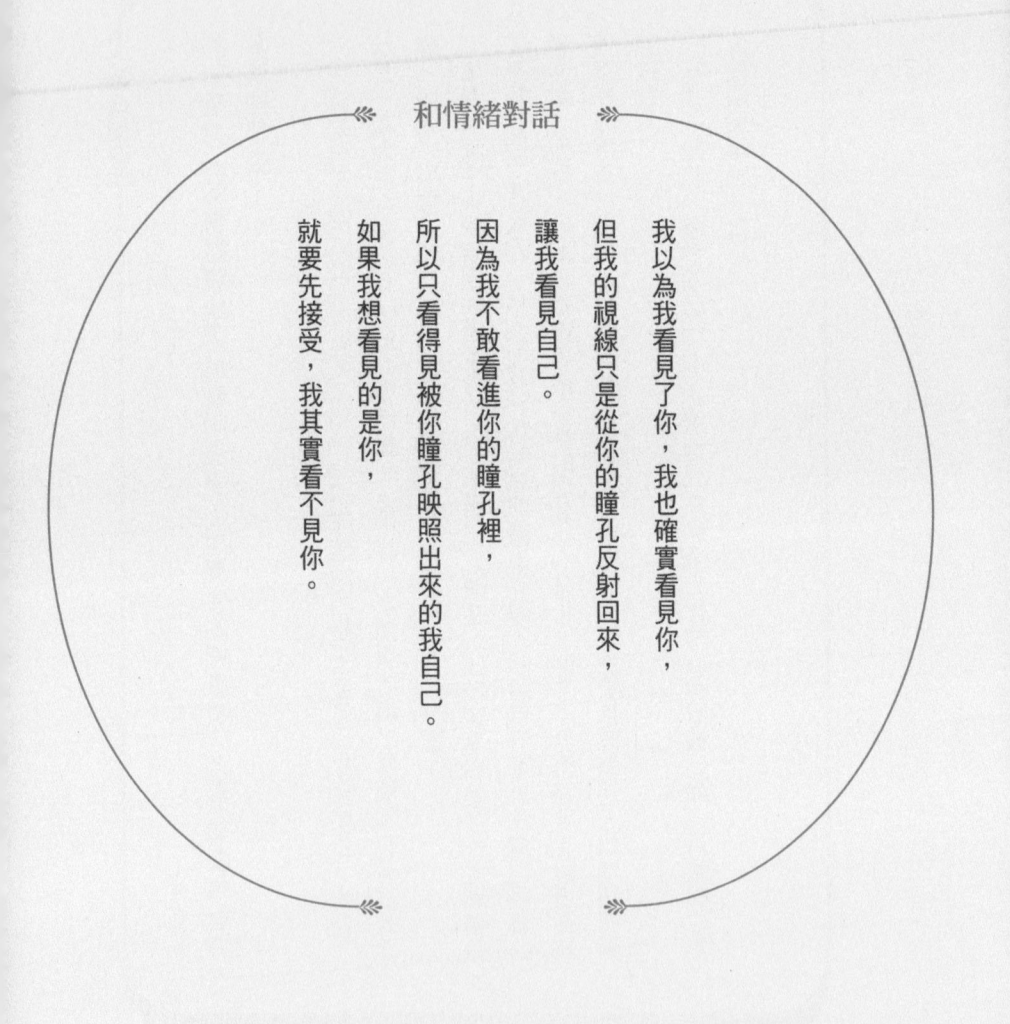

15 透視鏡效應

我知道你心裡，就是這樣想的

今年年假第一天，我收到一封讀者來信。這位讀者說，以往她每年過年都會和先生起爭執，尤其是結婚前幾年，時常為了給公婆和娘家爸媽的紅包金額多寡而吵架。

他們夫妻的狀況是這樣的：先生是家中獨子，每年都想要包大紅包給父母，老婆持家深感經濟壓力，覺得賺錢應該先償還銀行房貸，有餘力時再多回饋父母。夫妻倆為了幾千塊差距的紅包，年年爆出彷彿上百萬債務般的爭吵。

太太覺得先生太過理想化，不能體諒自己活在家庭現實中的苦心；先生則認為太太對待家人太過斤斤計較，執著那些「小錢」一點意義也沒有。從紅包金額延續下來，可以發生爭執的細枝末節，實在是太多了！

「個性不合的兩個人，勉強要相處在一起，真是太辛苦了！」信末，她這麼說。

只懂得結論而忽略探究細節，很容易陷入挫折感中

這封信讓我想起，自己在婚姻中也是一路跌跌撞撞地學習，忍不住提起手來回信，和她分享我的想法。

我告訴她，當我們對一段關係得出某些結論時，常常會不小心忘記這些結論背後，可能是由許多主觀看法所累積而成的。只懂得結論而忽略了探究細節，很容易讓人陷入挫折感中，覺得問題沒有出路。特別在親密關係中，我們總是自以為十分了解對方，就在不經核對的狀況下，誤以為對方就是我們想像的模樣。

「比方說，『你覺得他太理想化』這點，聽起來就非常籠統。有沒有可能，你其實還有一些放在心裡的感受，沒有被你覺察到呢？」我問。

大年初一，我又收到她寄來的信。她說，初一這天，她跟著婆家去拜年，先生一路上都跟在自己媽媽旁邊，與她的互動甚少，「我真的很生氣，每次放年假，都會是這樣。你說得沒錯！我心裡確實還有很多感受。」

我問她，看到這些狀況，她是怎麼想、怎麼解讀的呢？她氣憤地說，她覺得在先生心目中，「他媽媽永遠比他太太重要。」

「他怎麼可以這樣對我呢？我們都在一起這麼多年了，我為他付出這麼多，但他怎麼可以把我看得這麼微不足道？」她話匣子一打開，滔滔不絕地像在「靠北版」上匿名傾訴一般，控訴先生一定看不起她的學歷啦（先生是國立大學畢業，她是私立高職），一定覺得在家帶小孩的女人很無趣啦（她生了孩子後就不再出去工作）……。重點是，她所說的這些內容，都不曾和先生核對過。

「心裡這麼多感受，卻都只是你自己的假設，好像從來沒有跟先生求證過，要不要去跟他談一談呢？」我問。

「要談什麼，證明他看不起我嗎？」她說。

「如果真的證明像你說的這樣，那也好死心了，不是嗎？」

誤解，需仰賴「我其實不了解」，才有被打破的機會

我們在年假間的談話就這樣結束了。年假後，我從南部回台北工作，才又把電腦打開來，看到她捎來的消息。

她趁著年假和先生談起自己心裡的感受，先生給她的回應大致是這樣的：「我剛

到外地念書的時候，爸媽身上也沒什麼錢，可是我久久回家一次，他們都會把身上所剩不多的錢塞給我。所以對我來說，現在給爸媽多一點錢，不是在付出什麼，就是在回饋而已。我對爸媽是報恩，對你卻是不一樣的。」

「哪裡不一樣？」她問先生。

「一定要說得這麼清楚嗎？」先生說。

「那當然。」

「我對爸媽是報恩，對你是愛。」

我問她，這樣溝通下來，她滿意嗎？

「滿意。」她羞澀地說，「因為我終於知道他是愛我的。」

她的回答讓我既好笑，又莫名鼻酸啊。還不就是因為自以為透視對方心裡的「他不愛我」，才搞成這樣的嗎？

然而，我們在感情裡渴望的，又好像只是一句「我愛你」、「我很在乎你」這麼簡單就能打發了，但生活日常、柴米油鹽，就像漫天風沙，經年累月地蓋住了我們最單純的心意。底層的心情被蓋住了，我們就逐漸不知道怎麼去表達了，也更頻繁地運用假設猜想，而不與對方做真實的溝通互動。實在太可惜了。

一段朝「合」前行的關係，即便大部分時候仍吵吵鬧鬧，背地裡卻願意開啟心靈的眼睛，放開我們自以為能夠全然透視對方的幻想，鼓起勇氣去貼近對方真實的模樣。只要是人與人相遇，就會因「自以為了解」而產生「誤解」。這些「誤解」，則仰賴「我其實不了解」，才有被打破的機會。

【透視鏡效應】

沒有經過核對，就將自己心裡的假設，認為是對方真實的模樣。在人我關係中，越是親近的關係，越容易出現這種「偽同理心」的現象。

精神分析理論認為，嬰兒時期的全能自戀，讓我們誤以為自己無所不能。無所不能的誤以為，讓我們以為自己所看到的他人的表象，就等於他人內在的實相。

這裡提到的「透視鏡效應」，即是延續這種自我全能式的思考，探討我們在親密關係中，憑仗著對彼此的了解，就以為自己對他人的心態瞭若指掌的幻想與渴望。

和情緒對話

我愛你，卻要表現出我討厭你。
我欣賞你，卻要表現出我不屑於你。
我不想離開你，卻在你想靠近我時，把你推開。
我明明對你充滿失望，卻假裝我一點也不在乎你，
這樣我就不會對你無理取鬧地發脾氣。
因為那些愛和欣賞和渴望，對我而言太冒險了，
還是小心翼翼地收藏起來，
才不會破壞我的優雅，毀壞我們的關係。

16 反向效應

用相反行為，來掩飾真實感受

一對夫妻，一言不和起了爭執。先生嘲諷太太，做事情吹毛求疵，管老公像盯小偷一樣，一點兒都不溫柔可愛。太太平日最討厭被稱為女強人，先生的說法自然是踢爆了她的地雷，在她心裡點燃兩把火：其中一把，燒得她想大發脾氣，狠罵先生一頓；另外一把，燒得她充滿委屈，覺得先生看不見自己的關懷與愛。

這兩把火在她內心熊熊燃燒，在現實卻見不得光，因為第一把火若燒進了現實，就證明她真是一隻母老虎，第二把火則會燒光她的面子，在這種說話惡毒的老公面前，成了為愛求饒的沒出息傢伙。

她只好把這兩把火都留在心裡，沒法當成聖火一般傳遞出去。她被燒啞了嘴，也燒壞了豐富的面部表情，端出一副冷冰冰的臉孔，對待那不識相的老公。

一天過去，兩天過去，三天過去……，先生早已消氣，想向太太求和，太太卻始終無法跨出這場冷戰。藏在心裡的不安是，如果一回應他的和好，這把火就會止不住地再度燎原。

為了要證明自己不是這麼想，也不是這麼感覺，我們的情緒常常得耗費力氣，去做出許多違反心意的情緒化反應。

我愛你，卻要表現出我討厭你

改編自世上最高賭注的地下撲克遊戲經營者茉莉．布魯（Molly Bloom）自傳的電影《決勝女王》，裡頭也描述一個這樣的故事。

茉莉曾是一位優異的滑雪選手，品學兼優，她的父親是一名大學心理學教授。茉莉小時候原本和父親關係不錯，沒想到進入青春期後，父女倆的關係日漸冷淡，父親後來和母親離婚，茉莉便不再與他聯絡。

茉莉年少時在滑雪場發生意外受了傷，從奧運奪牌的金字塔上高高跌落，她暫停到法學院念書的計畫，拿自己存的錢寄居朋友家，脫離原本人生勝利組的生活，到處打工。因緣際會下，茉莉憑著聰明才智進入地下賭局，並成為賭局的經營者，但也因此沾染上毒品、私下抽成等非法行為，面臨鋃鐺入獄的危機。

等待司法判決的空擋，許久不見的父親前來尋找茉莉，用心理醫師般的強硬態度，要茉莉坐下來，和他進行三個真心話問答。

父親先是質疑茉莉，因為渴望操控有權勢的男人，才會走上歪道。父親這句話相當犀利，就像在運用心理學的專業，指控自己的女兒因為剪不斷戀父情結，才會變成一個壞女孩。

茉莉當然皺起眉頭否認，並且反擊父親，說他在婚姻裡是個混蛋。父親面露微笑，又一副專家模樣，肯定茉莉終於願意把真心話說出口，但他也反駁說，自己的薪水養大了三個孩子，其中一個是奧運金牌選手，一個是外科醫生，另外一個只靠著腦袋就創造了數百萬美元的商機。

即便自己變成一個壞女孩，父親還是用引以為傲的口吻形容她，這點讓茉莉眼裡的淚水忍不住掉下來。接著，父親逼著茉莉一定要問第三個問題。

茉莉遲疑，終於說出藏在心底的疑問：「那你為什麼討厭我，偏心弟弟？」

父親嘆氣了，然後告訴茉莉隱藏內心多年的真相。原來，茉莉五歲那年，看到父親在車上和別的女人搞外遇——為了掩蓋內心深處的震驚與失望，她才那麼用力生父親的氣，透過怒氣來遠離她深愛的父親。

父親也是如此，當他發現茉莉看見了不可告人的祕密，便用「假裝不喜歡女兒」來拉遠與茉莉之間的距離。「我喜歡你，只是我裝作我不喜歡。」這是一個父親對羞恥的反應。

我愛你，卻要表現出我討厭你。這真是世界上最遙遠的距離。

或許非得等到有一天，我們在親密關係中冷戰得夠多了，才會發現自己原來有多麼愛這個人。或許要等到我們庸庸碌碌得夠久了，才會發現馬不停蹄地工作的背後，只是因為我們害怕與空虛的自己獨處。

跟著時間的腳步，過夠了反向的人生，心靈總會帶著我們，回到自我的正道上。

反向效應

為了要隱藏自己的真實感受，刻意做出相反的情緒反應，以免不小心洩漏了心裡的祕密。

精神分析的創始人佛洛伊德認為，當我們內心被焦慮感佔據時，會不自覺地做出某些行為，來減低心裡的焦慮感，這些行為被稱為「心理防衛機制」。「反向作用」即為「心理防衛機制」的一種。這裡談到的「反向效應」，則延續這個概念而來。

和情緒對話

你根本不用和我解釋，你是什麼樣的人。
因為早在你向我解釋之前，
我就已經認定，你是什麼樣的人。
你是不是我所想的那樣的人，根本不重要。
重要的是，相信你是這樣的人，是我的選擇。
而我要不要改變，不是你能決定的。

17 眼盲效應
看見想看見，聽見想聽見

阿奇和阿嬌在班上吵架，阿嬌是個品學兼優的好學生，阿奇功課不好，平時又容易闖禍。兩個人吵得不可開交，引來了班級導師，導師走向兩人，二話不說地把頭轉向阿奇，大聲怒斥：「阿奇，你又做了什麼！」

是的，班導的表達語帶肯定，一點兒也沒有疑問地就覺得是阿奇惹的禍。阿奇心裡覺得委屈，事實上，剛剛的狀況是，媽媽幫阿奇送便當來學校時，被阿嬌看到了，阿嬌嘲笑阿奇媽媽是穿著俗氣的「番仔」（原住民），阿奇才會氣得推了阿嬌一把。

可惜班導根本不關心兩人糾紛的背後有什麼樣的脈絡，就直覺認定阿奇是做錯的那一方。

阿奇的媽媽聽說此事，也聽聞阿嬌平時就常找阿奇麻煩，左思右想，決定到學校來找班導溝通。阿奇媽媽將自己所知的學校狀況告訴班導，班導驚訝得瞪大眼睛，怎麼可能和她腦海中的版本截然不同？

班導找班上同學一一詢問，同學們不想惹事，大多說自己什麼也沒看見、什麼都不知道。問了一輪都沒什麼結果，班導將阿奇找來，循循善誘、諄諄教誨，言下之意是阿奇可能誤會了阿嬌，要阿奇回去跟媽媽說清楚，阿嬌並不是那個意思。

阿奇對這樣的結果感到失望，對班導更是心懷憤怒，他更討厭阿嬌了，覺得阿嬌就是個無可救藥、不可一世的虛偽之人。從此以後，阿嬌的一舉一動都令阿奇感到嫌惡。明明就坐在旁邊的兩個同學，卻直到畢業都不再交談。

主觀宇宙，只看得見自己想看見的東西

多年後，阿奇和阿嬌在同學會上重逢，兩人都學有所成，有各自的家庭，當年恩怨早已化為宇宙中毫不起眼的一粒沙。酒過三巡，阿奇主動問候阿嬌，玩笑似地埋怨阿嬌中學時的霸道，阿嬌才偷偷告訴阿奇，一段寫在自己日記上的祕密：

我走進班上，看見那個讓我心動的男生。

我的書本在他旁邊掉落，當我蹲下撿拾，他斜著眼睛瞄了我一眼，那種表情很像我是一位打擾到他的不受歡迎的不速之客。

班上同學都喜歡我，只有他對我十分冷淡。我覺得丟臉，非常。

阿嬌寫的男生就是阿奇。原來阿嬌小時候對阿奇表現出跋扈，是因為情愫作祟的反向作用呀。只是妹有情，郎卻似無意，再來個被好學生光芒刺到眼盲的班導插一腳，好好的一對同學，差點連朋友都當不成。

現在誤會解開，阿奇和阿嬌都覺得惋惜，當初為此受了多少不白之氣。

很多時候，我們習慣相信自己的主觀。我們的內在像一個特別的小宇宙，裡頭乘載著各種根深蒂固的信仰與價值觀，當我們站在這個宇宙去觀看世界，就只看得見自己想看見的東西，並且抓取與我們內在價值相符的證據，來驗證心裡的觀點。於是，主觀隨著時間，變得更加主觀，形成了情緒上的盲眼狀態。

常見的狀況是，我們根本連當事人都不是，就能憑著一己之見，胡亂下判斷、做臆測，散播著不見得符合事實的謠言。

難以看穿世間真相的，容易眼盲的自己

眼盲效應在「大人的世界」也頗為常見。每到政治選舉、學術遴選、組織升遷，甚或只是牽涉到與個人利益相關的芝麻小事，都會逼出一堆明顯眼盲的「黑函」和「謠言」，如機關槍般四處掃射，攻擊異己。

我的不少親友，包括我自己，都遇過類似的事件。我所認識的人遇到這種狀況時，幾乎無不搥胸頓足，想要為自己辯駁。幾輪爭辯下來，大部分的人卻會發現，這種無謂的抗爭其實沒什麼意義。

因為所謂的「黑函」和「謠言」，本來就是一種盲眼政策，專門用來操弄人們看待事物的視角；而這個可以被操弄的基礎，則在於大部分的人在發生某些事情前，早就在自我的小宇宙中，夾帶著一種不為人知的價值觀。換句話說，那些相信你的人，收到與你有關的黑函謠言，他們只會覺得「你被陰了」，與你同仇敵愾；而那些原本就不相信你的人，聽到與你為惡的風吹草動，也只是拿此來說嘴，證明自己心中的想法罷了！

當你看清楚這種操弄以後，就會發現我們的情緒沒什麼好跟著起舞的。「眼盲效

我們的內在像一個特別的小宇宙，裡頭乘載著各種根深蒂固的信仰與價值觀，只看得見自己想看見的東西。

應」對我們來說最大的好處，便是幫忙找出那些願意信任你，在你遇到危難時對你相挺，真的值得留在你生命中的夥伴。

當然，聽到別人對你產生誤會，心裡鐵定很不舒服，但有一天你會發現，其實很多時候，我們也是這樣對待別人。實在很難判斷，究竟是自己盲眼的時候多？還是別人啊？

達賴喇嘛曾說：「有兩項因素是負面情緒、破壞性情緒的基礎：一是自我主義，什麼都是我、我、我、我的……，這是我執；二是我們以為『所看見的一切都是真相』，但其實世間事物，沒有任何一物是如同其顯現般地存在，負面情緒亦然。當你體悟這點，心，就是智慧。」

人生苦短，我們何必白費時間，和根本難以看穿世間真相的，容易眼盲的自己和他人，過意不去呢？

【眼盲效應】

選擇性地看見和自己主觀意識相符的現象，來驗證與維持自己已經習慣的情緒狀態。

羅吉斯（Carl Rogers）在心理治療中，提出「現象學」的觀點，認為我們都以一種獨特的觀點在看待這個世界，以主觀現實來解讀外在環境，而非實際現實。

這裡提到的「眼盲效應」，即是探討這種現象對人我關係與情緒的影響。

和情緒對話

當你們彼此之間不再和善相待，
那道黏著我們關係的牆就崩塌了。
情感裂開了，想法裂開了，價值觀裂開了，
連道德水準也裂開了。
我的情感被你扯著，想法被他扯著，
道德水準被我自己給扯著。
最後魔鬼用生存法則來誘惑我，
為我計算出通往權力的那條路。
我只好剪斷拉扯，和你說再見。
我知道你會理解我的選擇。

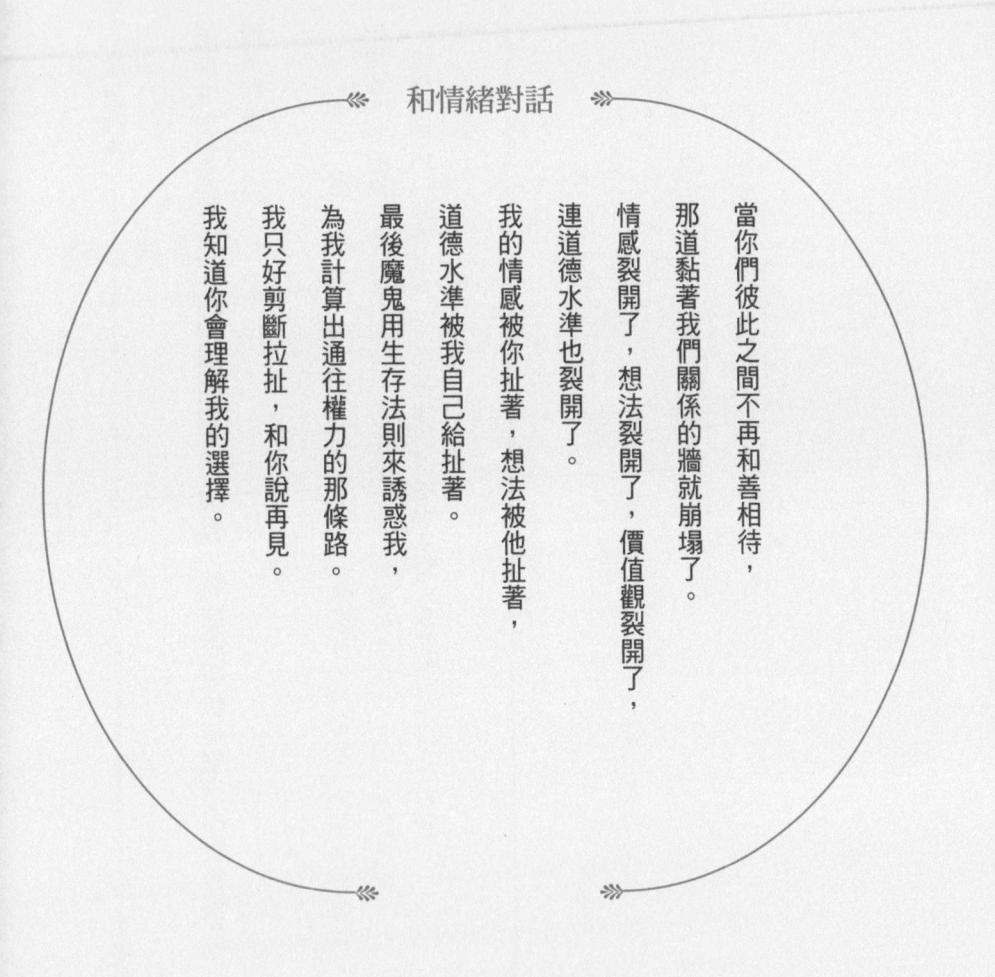

18 西瓜效應
我們都只是為了生存而已

大學同系的班對分手了，原本玩在一塊兒的同窗好友，很自然地分散成兩個群體。班對裡的男生後來又和系上的另一位女同學交往，這回兩人的感情倒是順利地走進禮堂，發帖子時，幫忙擬賓客名單的大學好友，自動略過前女友派系的人馬。

婚禮熱熱鬧鬧地舉行，席間一位白目的同學隨口問道：「那個小花，還有那個小美，怎麼都沒來參加呀？」

笑容瞬間在新人臉上凍結。另一位識趣的朋友趕緊舉起酒杯：「哎唷，我們早就不熟了啦！」好友們尷尬地互使眼色，暗示朋友別再輕易提起敵方派系。

這也是我們情緒慣性中一個相當有趣的現象：當團體中有所分裂時，就像一把刀將西瓜剖成兩半，我們直覺地去體察那些分裂背後的細微情感，並且依照自我的立場、與對方的關係，去做適合自己情感上的選擇。

我們之所以有某些作為，不過是為了要生存

我也曾是一次分裂事件的主角。還沒進大學任教前，在朋友輾轉介紹下，我認識了一位想要創業的朋友 Adam。Adam 約我在一間咖啡廳碰面，告訴我他的創業計畫，我相當欣賞他的熱情衝勁，加上有熟識的朋友引薦，沒有多考慮就答應加入他的團隊幫忙。我和 Adam 及那位朋友，甚至以我的名義，聯合開設了一間小小的諮商所，來執行 Adam 承接的某些計畫。

一開始，我和 Adam 意氣相投。我當年處事步調相當迅速，Adam 更是天馬行空地編織未來的夢想，並且很快找到幾位理念契合的夥伴，眼看各方面資源似乎都要到位了，Adam 卻告訴我，他出現財務周轉的困難，問我能不能也出一點錢借他。

對此要求，我既猶豫，又不想看著先前的努力付諸東流，和先生商討過後，向雙方家人分別借了點錢，湊了幾十萬給 Adam。Adam 收了錢後，沒有開給我們與金額相對應的借據，反而開了一張比借款金額高出數倍的「虛擬」股份單據。對我這個借錢初體驗的呆子而言，此舉還真是令人感動萬分。

我就在這種狀況下，莫名地從一個「借款人」，成了一位「投資者」。這，就是

我們之間理不清楚的友誼。

有了這筆錢（或者還有外頭其他的錢）的挹注，Adam 的公司繼續開張營運，我們被金錢更緊密地綁在一起，我自覺更有義務要幫助他，介紹了一些人脈幫他開課。當時我剛準備進入大學任教，於是 Adam 又面試了一位專業人員 Maggie，要來接替我的位置，成為諮商所的新任負責人。

我進入教職，開始忙著學術工作，Maggie 和 Adam 則投入營運。Maggie 計算成本、聯絡開課，課開了，學員繳的高額報名費卻進到 Adam 的戶頭。我有空時與他們開會，聽 Maggie 抱怨公司、抱怨 Adam，我雖然不一定清楚狀況，卻是一聽就衝著脾氣質問 Adam。

某天，Adam 和我大吵一架，隔天，他換了公司的門鎖，把與我相關的人員通通趕了出來。原本開的年度課程頓時沒了教室，上課教師也沒了鐘點費，我和 Adam 吵，也沒辦法把上百萬的報名費從他戶頭裡叫出來。幸好，那位好心的上課教師幫我另外借了間教室，陪著我一起當無給薪的義工，負責任地將報名學員的一年課程，按月上完。這份情義，我永遠都不會忘記。

我必須承認，一個團體的分裂，雙方都有責任；好好的夢想會落得如此下場，我自己要檢討的地方也很多。但最有趣的是 Maggie，我為了她的抱怨和 Adam 吵架，她卻在我們分開後，和 Adam 變得關係緊密，甚至到處告訴別人，彷彿上百萬的報名費是被我給吞去了，讓那位可憐的老師做了一整年的白工。

年輕時，我惹下的兩大禍事就這樣撞在一起，讓我在領域內的處境更堪憂了。西瓜效應的結果，就是原本以為關係不錯的朋友，明明都聽到了許多不合理的謠言，卻沒有人願意主動和你澄清，不小心碰面時，他們以為我什麼都沒聽到，我也裝作自己什麼都不知道。

我是直到開始寫作，逐漸有許多人願意給我機會之後，才從這些風暴中，一點一滴找回對於人性的信任感。等我覺得自己的腳步稍微站穩一些，才有些領域內的朋友，會主動詢問我這些事情，「我就覺得不合理啊！如果你把那老師的鐘點費給吞了，為什麼他還跟你這麼好呢？」

但我想，願意在當年就為我說話的朋友，大約也沒幾個，只是對現在的我而言，這些也不那麼重要了。

某些夜深人靜的時刻，有關這些事件的回憶與畫面，依然會不經意地浮現我的腦海。我一方面學習自我反省，一方面學著體會事件裡頭的每一個人物，為何會如此無情地對待？他們的心情是什麼？

近年來我越來越明白，每個人，包括我自己，我們之所以會有某些作為，都不過是為了要生存下去罷了！在生存的理由下，實在沒有什麼是不能釋懷、不能原諒的。

【西瓜效應】

維護對自己有利、打擊對自己不利的人事物，以保障自我的生存權利。

精神分析學者沙利文（Harry Stack Sullivan）對於人際關係甚有見解，他借用生物學的理論，提出人際情境中的「共同生存原理」，認為生命有賴持續與環境交換能量，才能生存下去。

沙利文所提到的「環境」，包括了文化環境，而文化是人所創造的，所以文化環境也就是人與人的環境。意思是說，我們的生存有賴於擁有與我們共同價值思想的人。這裡提到的「西瓜效應」，雖然因俚語「西瓜偎大邊」而命名，內容談的則是在生存的原則下，人們如何選擇與自己共存的文化環境。

親密關係中最決絕的8句話？

1 「你看，你就是這樣，永遠都不會改變！」

這是一種貶抑的表達。越不容易改變的人，越討厭人家否定他的改變。

2 「你看看人家，什麼都比你強！」

這是一種貶抑的表達。通常發生在女性對男性、父母對小孩時，殺傷力最強。

3 「如果不是我，我看你注定孤單一個人。」

這是一種貶抑的表達，除了是一種高姿態的責備，也會勾起分離的焦慮。

4 「你煩不煩啊。」「你讓我覺得很噁心。」

這是一種貶抑的表達，並帶有人格上的攻擊。

5 「你有什麼資格管我？」

這是一種防衛的姿態，並把關係的距離拉遠。

6 「我的事和你一點關係都沒有。」

這是一種防衛的姿態。當語氣越冷漠，感受上越傷人。

7 「你愛幹嘛就幹嘛，我不在乎。」

這是一種防衛的姿態。通常這麼說的人，內心的想法是相反的。

8 「你說得都對，可以了嗎？」

這是一種拒絕溝通的表現。

Part 3

情緒，一個好不容易生存下來的我自己

和情緒對話

小時候，常常幻想自己趕快長大，變成一個大人，
可以擁有獨立的生活，決定自己想要什麼。
長大以後才知道，大人常常也沒辦法決定自己想要什麼，
他們還要擔負對關係、對社會的責任。
但是這些大人，有時候會耍起任性，丟掉他們的責任；
有時候會因為不得已，無法拿起自己的責任。
所以這些大人的小孩，伸出還沒長大的手，
幫忙扶起搖搖欲墜的家，把失功能的大人縫補起來，
讓他們繼續維持一個大人的模樣。
而這些小孩，外表還是小孩，心裡卻是大人了。
心裡像大人的小孩，變得比心裡像小孩的大人更堅強。
他們連傷心的時間都省略了。

19 早熟效應

沒有當夠小孩，就被迫長大

我要說一個家暴小孩的成長故事。

據她的形容，她的爸爸是個賭徒，欠了很多錢就跑了，留下她和母親相依為命。母親交了新的男朋友，兩人開始同居。這個她稱為叔叔的男人脾氣卻不太好，喝了酒就會打她出氣。有時發起酒瘋，把她的頭拽起來當球摔。

但其實她心裡最氣的不是這個男人，而是在旁邊觀望卻無所作為的母親。所以她常常一個人，偷偷地抱著爸爸留下來的衣服哭泣、想念。

她念大學後，母親得了癌症，躺在病床上，同居的叔叔也跑了。她每天帶著怨懟，卻必須照顧媽媽，一股說不出口的感受卡在心裡，讓她開始產生暴食的症狀，發作起來痛不欲生。不懂的人覺得她是個怪人，好幾次談戀愛都失敗，她覺得自己的人生了無希望。

沒有好好當過孩子，也很難成為一個真正的大人

我們相遇時，每個禮拜她來找我談話，天上總會莫名地飄起小雨。每次我看到雨飄下來，心裡就想嘆氣，因為她在會談室中，總是重複地埋怨那個讓她覺得又生氣又煩躁的母親：「那個女人真的很沒有用，她沒有保護我，而且不斷地傷害我。」

誰知道某一天，她來到我面前時，卻一副若有所思的模樣，說了一段與之前截然不同的話。她說：「老師，我覺得我媽媽可能不是只有那種惡毒罵人的臉，或見死不救的臭臉。」

「喔？是嗎？怎麼突然有了這種感覺？」我問。

她告訴我，因為她這個禮拜在路邊遇到一個賣豆花的少婦。

那是一個放學後的日子，她走出校門口，徒步走了好久，看到路旁有一個賣豆花的少婦。那時候太陽剛要下山，夕陽的餘暉剛好撒在這個少婦的身上，少婦的推車上有兩個大大的鐵桶，其中一個裝著沒賣完的豆花，另一個桶裡居然裝著一個小女孩。小女孩在鐵桶裡面睡覺，沒有客人的時候，少婦會輕拍小女孩，看著她睡覺。

這景象，在她心中形成極為戲劇化的一幕。她告訴我，當時陽光灑在少婦的側臉

上，少婦的表情看起來溫柔無比。

「老師，你知道嗎？其實我媽媽也有過這麼溫柔的臉。」說完這句話，她哭了。幾個禮拜以來，第一次，她哭了。

眼淚好像釋放出了很多複雜的心情。她開始告訴我從前是怎麼和媽媽相處的，從前爸爸還在的時候，他們三個人常常出去玩，那是她生命中覺得最幸福的時刻。「可是我真的好恨他，怎麼可以丟下我們就走？（我想，她指的是爸爸。）我也好恨她，怎麼沒有阻止他丟下我們就走？（我想，這指的是媽媽了。）」她說。

「會不會其實你也很怪你自己，沒有阻止他丟下你們就走？」我問。無聲的哭泣彷彿說明了一切。

我想，她將父親離去的失落，將那些無法表達的對父親的氣，放到了她與母親的回憶上。於是她明明對著的是母親，卻不由自主地對母親有了對父親的期待與憤怒，所以當母親罹病臥床之後，她開始勉強自己得要變成母親的守護者，而讓原本就無從表達的心情，變得更加糾結。

多少人身上有這種毛病呢？

我想起許多傳統的家庭中，父親常常是缺席的那個角色，可以有千百萬種理由，留下家裡的孩子與母親獨處。

有的家庭孩子多，母親如果變成吐苦水或含淚的怨婦，手足之間還有得商量。然而長大以後，有能力的、比較能放下家庭的孩子，展翅高飛去追求自己的新生活，但家裡總會留下一個走不開的孩子，繼續代替父親，成為那個「母親的守護者」。只是他們心裡卻好像有一種無奈，那是什麼？

喔，或許是我們忽略了，不管怎麼堅強的人，也都有被人照顧的想像和渴求，或許那種無法心甘情願的感覺，是因為我們不是用一個「小孩」的位置，自由自在地過自己的人生。沒有好好地當過孩子，勢必也很難成為一個真正的大人。

是非黑白，最終，會融合成一種灰色的美感

很多年以後，我才真正明白當年我與她相遇時，我的功能是什麼？

是的，把她的欲望給接過來，讓她能回到小孩的位置上，將任性、憤怒與不滿給宣洩出來。直到她覺得，夠了。

她母親臨終前，在病床上，好像迴光返照一般，突然對她說：「媽媽真的覺得以

面對過去，就像陪著年幼的自己，從頭長大一次。
背後的意義，不見得是和成長中經歷的人事物進行和解，而是和心裡的陰影和解。

前好對不起你呀。你原諒我好嗎？」

為了讓媽媽安心離去，她點點頭：「我原諒你，我原諒你。」「其實我覺得我只是為了讓她安心，我沒有真的原諒她。」訴說這段經驗時，她這麼告訴我。

能夠把這種話說出來，我真替她感到開心。當她內在孩童般的任性有重新發作的空間了，才會有能力真正地看見與提供他人的需要，而不必因為好像沒有真心原諒而感到愧疚。

時間繼續流動，她繼續說著說著，回到孩童般的心情，同樣的事情好像有了不同的層次：

就好像有時見死不救、有時凶狠的母親，也曾有過她溫柔的一面。

就好像她不斷思念的寵愛她的父親，也有拋棄她們母女的一面。

面對過去，就像陪著年幼的自己，從頭長大一次。背後的意義，不見得是和那些成長中經歷的人事物進行和解，而是和我們心裡的陰影和解。

原本難以接受的是非黑白，最終，會融合成一種灰色的美感。

曾幾何時，灰色，好像變成人世間最美的顏色了？

【早熟效應】

因為家庭中有某些失功能的成員，導致情感尚未真正成熟時，就要被迫當個大人。

家庭治療中有個「親職化小孩」的概念，指的是當家庭失去功能時，由於大人無法執起應該承擔的責任，小孩就被迫補位，變成家庭中需要發揮功能的那個角色。這裡談到的「早熟效應」，即是延續這個概念而來。

和情緒對話

我被生活綑綁，被規則綑綁，被別人的心願綑綁。

我製造了完美，創造了優異，滿足了別人的幻想。

但我在鏡子裡看到一個怪孩子，

沒有眼睛、鼻子，張大的嘴巴卻誇張地笑著。

太詭異了，我只好把鏡子打碎。

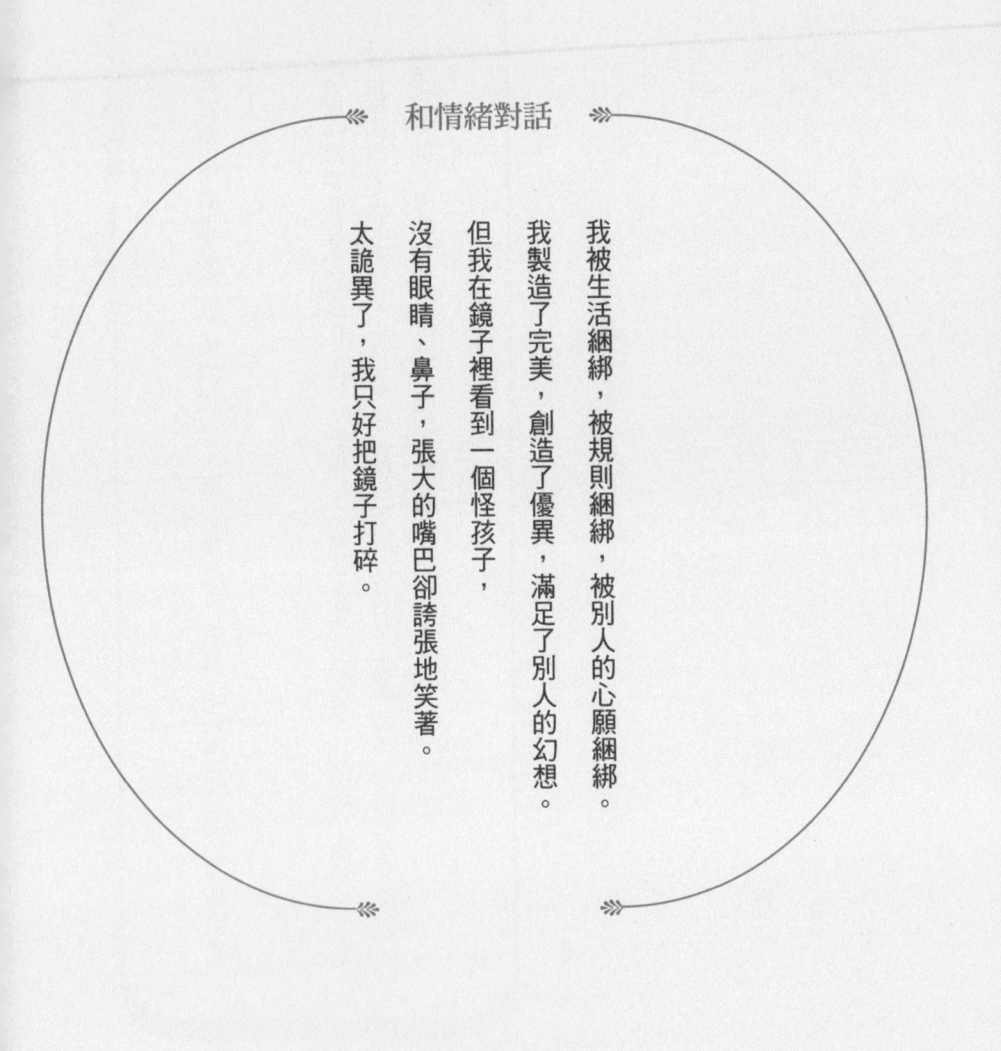

20 逆反效應
為喘不過氣的生活，尋找一個出口

一九八〇年代，台灣巷弄裡，還十分流行裝潢簡易的「柑仔店」，裡面擺滿各式各樣的雜貨、零食，吸引小孩牽著大人經過時，吵著入內要買糖吃。

我所就讀的國小旁邊有一間柑仔店，每到放學時間，就會湧入大量的學生人潮。最受歡迎的，是柑仔店門口那一整排的零食機：米果巧克力、足球巧克力、沾滿紅色醬汁的鱈魚片……，一塊錢銅板一轉，掉下來的不是課後的果腹而已，是一份身為小孩的驕傲！

我是家中獨生女，母親習慣一早出門時，為我準備（她認為）營養充足、但（對我而言）不一定美味的早餐，又因為各方面的考量與擔憂，母親完全不讓我身上帶有半點零用錢。如此一來，當同學們課間紛紛奔往學校福利社，或下課後經過柑仔店的時候，我手上便沒有任何籌碼，可以享受那份身為小孩的驕傲。

我自小就被父母送去上各式各樣的才藝訓練，心算、速讀、打擊樂……，考試自然難不倒我，成績一好，就時常被老師指定為班長。當時，班級中與我比鄰而坐的，是一位身形瘦小、長相孱弱的女孩，我不知道老師如此安排座位的理由是什麼，只覺得自己和旁邊同學儼然是不同世界的人。

有趣的是，她身上倒是每天都帶著五塊、十塊不等的零用錢。

即便我個性再怎麼好強，每當看見鄰座女孩從合作社帶回、或放學時走進柑仔店享受「小孩的驕傲」時，我還是無法克制地將視線瞄向她，用嗅覺貪婪地吸聞著求而不可得的食物香氣。幾次被她發現了，怯生生地將手上的食物遞向我，一副擔心自己被拒絕的模樣。

我毫不猶豫地接受了，順道抓住她想與我為友的把柄，變本加厲地開口向她借起錢來，每天。

這逐漸形成我與她的祕密交友模式。當然，這些錢，我從來也沒有還過她。

長大懂事後，這段回憶在我心裡留下一種說不出口的恥辱感。

叛逆是青年人的呼救，是想要貼近父母的最後一道崗哨

成為諮商心理師後，我對青少年和成年前期學生的偏差行為研究特別感興趣：

當選模範生的大學生，在一場國中同學會後，鼓動大家將其中一名女同學載到海邊，脫光她的衣服，將她丟棄在無人沙灘上。

全班第一名的女生，在畢業前一個月無預警地偷了班上同學的錢包，後來又被發現她在同學的飲用水中加入了洗髮精、漂白水。

一位師長們眼中的乖孩子，原來是聯合班上同學在網路上辱罵某位同學，讓同學不敢再來學校上課的策動者。

一個又一個資優生逆反的故事，時常在我心頭反覆播放。好像遇見當年的自己，在一個貼滿金箔的宮殿裡，被周圍閃亮的金屬光芒給刺痛了雙眼，看不見天空的指向。剛開始，你會覺得這樣的生活無可抱怨，逐漸地，你會想要戳破那些華麗的裝飾，想要穿越眼前的阻礙，看見外面天空的湛藍。

光明正大地去做，像要戳破整個家庭的夢想，和父母的幻想。所以只能偷偷地反抗，用鑿壁偷光的方式，一點一滴宣洩自己，免於變成一顆不知何時會爆破的氣球。

幹點壞事，小小而不為人知的壞事，是青少年的逆襲。既想要被你們發現，又不敢想像如果有天被發現？

做壞事卻沒被抓到不是幸福，因為這種掙扎還得繼續下去，最後，小壞事沒被發現的青少年，逐漸成為越幹越壞的大人；逆反不成的青少年，則長成鬱鬱寡歡的大人，轉身面對自己的孩子，不願承認他們心裡也有反叛、也有憤怒。

叛逆是青年人的呼救，是想要貼近父母的最後一道崗哨。可惜，別人不見得懂得，也不見得看得到。

每個時期，我們都會見識到自己與生俱來的各種模樣

大學畢業後，我們各自升學，或進到社會上工作。某天，一位當空姐的同學回國，約了幾位昔日同窗碰面，我和當年被捲進我小壞事裡的鄰座女孩，都在這場同學聚會的名單當中。

赴約前，我心裡充滿忐忑：她會出現嗎？聽到我的名字，她還會願意來嗎？這些年，她過得好嗎？

我知道同學會那天恰好也是女孩的生日，鼓起勇氣買了一個生日蛋糕，打算幫她慶生，心裡卻沒有把握這個蛋糕一定會等到她的主人。

果然，當大家都入席後，仍不見她的身影。我因為卡在過去的羞恥感，遲疑著沒敢開口詢問她的行蹤，內心的失望油然而生，卻瞥見她匆匆趕來的身影。

我遞出了蛋糕，心裡仍擔心她的拒絕。她卻張嘴微笑，讓我不禁懷疑她是否忘記了童年的一切？但蠟燭點起時，我覺得多年來藏在內心深處的羞恥感，也隨著蠟燭的眼淚逐漸融解：我有我的生命議題，而她有她的，我們在某個過去的時空下相遇，在相處中碰撞出彼此的生命議題。

老天給我們如此機會，不是要在創傷和恥辱中毀滅我們，而是要我們透過這些經驗認識自己，貼近自我的限制與掙扎，並將它們轉化成讓生命得以繼續前行的力量。

「好久不見，你好嗎？」我問她。

她對我嫣然一笑。成為社會菁英的她，是那麼美麗又有力量。我感受到，童年的孱弱，同儕的忽視與嘲笑，不過是她生命中的曇花一現而已。每個時期，我們都會見識到自己與生俱來的各種模樣。

只有被過去牽絆著、無法向前走的人，有可能錯失這種美麗的契機。

有人問我，如果同學會時她沒來，我會怎麼樣？

我沒有答案，但我想，或許會對我產生另一番體悟，另一番自我認識？

這些認識是為了更貼近自己，而不是為了要給別人什麼交代。

【逆反效應】

藉由叛逆的行為，來抒發無法掌控自己生活的苦悶感，想要證明自己對生命仍有一定的主權。

精神分析大師溫尼考特談到青少年的偏差行為時，用「呼喊」的概念來形容這個現象。他認為，當我們沒能在夠好的環境中長大，便會缺乏愛與關懷的能力。在這種狀況下，我們會透過某些「小罪行」做為呼喚，期待照顧者能夠調整與我們的互動方式，所以「偏差行為」有時反而是一種代表希望的象徵。

倘若「小罪行」還不足以喚起照顧者夠好地照顧我們，最後一點希望沒了，也就等於放棄了對世界的愛，便會做出更多壞事，想要虐待周圍的人，讓他們受苦。

這裡所提到的「逆反效應」，主要是針對人們還對世界懷抱希望時，所做出的「小罪行」。大部分的人，會在這些行為過後，發現自己並未真正走上歪路，甚至還存活下來，於是能重新省思自己與環境的互動，決定未來的目標與方向。

和情緒對話

沒有當夠小孩的人，也常常當不好一個大人。
如果他們白天費盡心力扮演大人的模樣，
晚上就要像個小孩，躺在媽媽柔軟的乳房上。
有些時候，甚至還不到晚上，
他們就要在街上哭著找媽媽。
不明就理的人，會覺得他們這樣很噁心，
會嘲笑他們，會和他們生氣，
所以他們挫折地趴在地上大哭大鬧。
直到有人伸出一雙溫暖的手，拉了他們一把。
是誰那麼好心呢？
哎呀，原來是白天那個長大的自己。

21 退化效應
與現實不符的內在心理年齡

一位國外的精神科醫師，遇到一個有自殺傾向的女孩。女孩因為自殺未遂被送來住院。

住院一陣子後，某天，女孩告訴醫師：「我會到頂樓去跳樓自殺，請你去一樓把我接著。」

醫師心想：「我哪有這麼笨，你要自殺，我還乖乖地去把你接著？」

沒想到女孩真的跑去頂樓，並且不忘提醒醫師：「等一下我要跳下去，你去一樓把我接著！」

情勢緊張，醫師沒別的辦法，只好真的跑到一樓去準備接著女孩。

醫師下樓預備，張開雙手對樓頂上的女孩說：「好了，我在這裡把你接著。」同時間他閉上眼睛，不敢往上看。

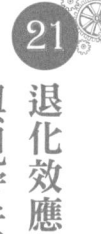

周圍靜默許久，一點兒也不像有事故發生的模樣，醫師於是張眼一看，女孩已主動離開頂樓危機。回到病房，女孩對醫生說：「剛剛，我當作你已經把我接著了。」

醫師鬆了一口氣，幸好。

醫師萬萬沒想到，他與女孩再度碰面時，女孩竟拿著個奶瓶對他說：「醫師，我現在是嬰兒，請你餵我長大。」

醫師看著眼前的妙齡女子，實在很難把她當成襁褓中的嬰兒，但他仍然沒有別的辦法，只好拿起奶瓶，餵養眼前這個三十歲大的「嬰兒」。

喝完奶後，女孩對醫師說：「你剛剛把我養大了一歲。」之後每個禮拜，醫師都用奶瓶把女孩又養大了一歲。

女孩後來出院了。並且好好活著。

童年殘留下來的焦慮，成年脫離不了情緒化

類似概念的故事，發生在我認識的一對夫妻身上：太太個性潑辣，心情好的時候很溫柔，鬧起來時卻像張牙舞爪的母老虎。

丈夫認識她多年，知道她小時候時常被母親處罰，關在一個黑暗的小房間裡不准吃飯，有時候肚子好餓，卻沒有時間感，不知道自己何時會被放出來？然而，即便處罰的時刻如此難熬，太太認為母親大部分時間還是對她很好的，她喜歡母親摸摸她的頭，親暱地看著她。

母親情緒極端的記憶，逐漸形成太太心裡的陰影，內在始終有一份焦慮感，不確定此刻溫暖關懷的模樣，下一刻會不會變得咄咄逼人？童年殘留下來的焦慮，讓她成年後脫離不了情緒化；每當她感到焦慮時，就會退化成那個不知所措的小孩，只能用無理取鬧來抒發心裡難受的感覺。這無疑是情緒上的「退化效應」。

還好先生懂得她心頭的傷。

別人看她張牙舞爪時會害怕，先生卻想起她小時候的傷，覺得心疼。所以他提醒自己不要忙著指責太太，而是維持冷靜地對她說：「鬧一鬧如果心情比較好了，我還在這裡，沒有走掉。」

他用語言的力量把她「接著」，每當她情緒退化時，他願意接住她的鬧劇，陪她一歲一歲長大。

他們就這樣結褵二十年。

朋友好奇地問他，這一路是怎麼撐過來的？

「我不入地獄，誰入地獄？」他總是先調侃自己，然後說：「病得太嚴重的話，當然要看醫生，但我太太只是一個還沒長大的小孩而已。」他會這麼說，是因為發現在自己的陪伴下，太太的情緒確實越來越穩定，代表這種方式對太太而言是有用的。

恩情，是背後維繫這對夫妻關係的關鍵。

接住自己，陪伴心裡的內在小孩逐漸長大

本土心理學研究說，對許多老夫老妻而言，「恩情」是比「愛情」更重要的事，而恩情最重要的本質，則是時間的歷練。至於時間賦予我們的，就是有機會仔細去觀察：

1. 關係糟糕沒關係，但在吵吵鬧鬧中，我和他是否有往正向的目標前進？
2. 關係糟糕沒關係，但在吵吵鬧鬧中，我和他是否從過程中更懂得自己？更欣賞或更疼惜自己？

如果一個人在生命早年階段，曾經被家庭、被環境給無情地撕碎，不知不覺長成

當情緒退化的時刻被「接住」了，
我們內在才有機會長出如實的力量。

一個充滿委屈、憤怒、活得不開心的人，那麼，我們更需要給他一段時間，陪伴他心裡的內在小孩逐漸長大。

對小孩如此，對父母、伴侶如此，對待自己更是如此。當情緒退化的時刻被「接住」了，我們內在才有機會長出如實的力量。

如果我們的人生幸而遇到一位有能力接住自己的人，那很好；倘若沒有，也是正常，我們更要及早思考怎麼發展出接住自己的能耐。

【退化效應】

退化到早年時期的情緒狀態，目的是要重新建立尚未穩定的心理安全感。

精神分析大師溫尼考特的概念中，有一段非常美的描述：他認為每個初生嬰兒剛接觸世界時，因為心智中還未有「人」、「我」的概念，所以內心會有一種錯覺，以為自己所感受到的美好，都是由自身所獨立創造的。這種「世界唯我獨尊」的錯覺，讓嬰兒更投入地享受在活著的感覺當中。直到某天，嬰兒的心智逐漸成熟，才發現原來身旁的大人一直在協助自己，他們便從中獲得愛與感恩的能力。

然而，在這個享受「錯覺」的過程中，倘若照顧者過分介入，嬰兒的錯覺可能發生「斷裂」，而需要反過來關懷照顧者的心情。於是，嬰兒內在貼近本能的「真我」逐漸縮小，改以「假我」去應付大人的需要，此時他們所做的事情就並非發自內心所願。這種狀況若持續下去，「真我」將失去功能，被「假我」給取代。成年以後，「假我」佔據內心的感覺，將會讓我們無法體會人與人之間真實的愛。

那麼，我們該如何把早年享受「真我」的感覺找回來呢？在溫尼考特的理論中，提出的解決辦法便是「退化」。這裡提到的「退化效應」延續溫尼考特的概念，指的是在心理治療室外的，親密關係中的情緒退化。

和情緒對話

我懷抱著完美來到世上。
直到遇見你，我才明白自己的完美裡，
原來藏著不完美。
雖然它本來就在那裡，但當我看見它在那裡，
它就變得永遠都在那裡。
提醒我，是個生來就不夠好的人，
學習用不夠好的姿態，夠好地活著。

22 汙點效應
自我懲罰，那些不是自己犯下的錯

對於同性交往還十分保守的那個年代，我在大學校園裡，認識了一群不願公開自己性向的同志男學生。

他們的成績大多十分優異，也相當重視維持自己的外貌，因此站在人群中特別顯眼，高挑帥氣、脣紅齒白，個個到現在都能被貼上「小鮮肉」的標籤。真好啊，有外貌又有腦袋，在他們面前，我都自慚形穢了。

然而，相處許久後，我才發現，他們雖然看起來什麼都有，還是始終無法以自己為傲。

一次團體談話中，其中一位男孩向大家自白：某天，母親發現他在看男生的寫真集，冷冷地對他說：「不要看這種變態的東西。」他忍不住回母親：「如果我就是喜歡呢？」母親說：「那我就死給你看。」母親後來罹患了憂鬱症，住進精神病院，他覺得這一切都是自己的錯。

男孩們聽到這個故事，一片沉默，有人眉頭深鎖，有人緊掐著自己的雙手，有人打破沉默，又給我們說了另一個沉痛的故事。一場談話下來，我覺得自己好像跟他們來到了海邊，看著他們抓起海裡的砂石往自己身上抹，想要用力洗掉一些黏在自己身上、怎麼都洗不乾淨的髒東西。

「洗不掉的啦，怎麼洗都不會洗掉的。」他們說。他們只好更努力地做一些事情，來把自己身上的汙點給蓋起來。所以帥氣、有型、功課優異，都是為了掩蓋生來就有汙點的自己。

這些男孩的故事，是族群的特殊性，還是集體心靈中的常態呢？

汙點雖是與生俱來，卻不代表我們犯下了什麼錯

「你小時候會討厭自己什麼地方嗎？」想到這個問題時，我轉頭問了坐在我身邊的先生。

「當然會啊！」他半秒都沒有遲疑。

「哪裡？」我每聽一次都要驚訝一次。在我心裡，他明明是這麼美好的一個人呀？

「頭很大。」他說，表情一點兒也沒有在開玩笑。

我剛認識他時，如果不小心開他頭大的玩笑，他會很認真地跟我生氣。他小時候因為頭大、四肢偏瘦，每次照鏡子都覺得自己的身體比例相當奇怪，加上一接觸到光就像塗上一層黑的肌膚，他非常不喜歡看到自己的模樣。此外，他幼年時，家裡經濟狀況不好，家族裡有位長輩特別喜歡說話取笑他，給他取了個「車頭的廢人」的綽號，甚至對他說，「如果以後沒工作，可以來幫我家小孩提皮鞋。」

身體上的特徵，怎麼洗都洗不掉，就像膚色怎麼漂也漂不白，他帶著自己生來的汙點，自卑地過日子。後來他花了好多年的時間，努力地上健身房，讓身上肌肉長出來，平衡頭與身體的比例，逐漸脫離「一顆貢丸插在四根竹竿上」的稱號，然後透過多讀書來增加內在的自信。

說也奇怪，年紀越來越大，他覺得自己的皮膚好像不再黑得那麼刺眼了？更重要的是，他並沒有因為別人看衰他就被打敗，並且他逐漸明白，會將這些話掛在嘴邊的，也許才是真正怕自己廢掉的人。

我想起自己也有一些天生的汙點，或許你也有你的。然而，汙點雖是與生俱來，卻不代表我們犯下了什麼錯；犯錯的人會被懲罰，但有汙點的人只要懂得遮瑕就好。遮掩不是為了一定要把汙點藏起來，而是為了讓自己多點活下去的動力。

等到有一天，證明那汙點其實也沒什麼；等到有一天，社會能夠更開放地接納曾經被大家標籤化的汙點。

臉書成立後，我重新聯繫上當年的這群男孩。多年不見，他們的自拍照上，大多有了另一個男人——牽著手的、相互倚靠的……

我想，那是十五年前我認識他們時，我們都不敢夢想的一件事。

【汙點效應】

因為某些無法改變的天生特質，而產生的過分努力，目的是想要轉移自己和他人的注意力，假裝這些特質並不存在。

精神分析學者寇哈特（Heinz Kohut）是探究人性「自戀」的佼佼者。寇哈特認為，我們年幼時會經歷一種自戀的狀態，以為自己無所不能，這也可以視為一種嬰兒時期的「自我中心」現象。然而，在成長的過程中，環境所帶來的挫折，讓我們內在的自戀不斷遭受打擊，進而發生各種不同程度的心理問題。

這裡所談到的「汙點效應」，探討的即是人們如何在自戀受到打擊的過程中，學習努力地超越與接納自己。

和情緒對話

身體不好的人，別人會同情他。
心情不好的人，別人會看不起他。
所以心要好好的，
身體爛掉沒關係。
我願意付這個代價。

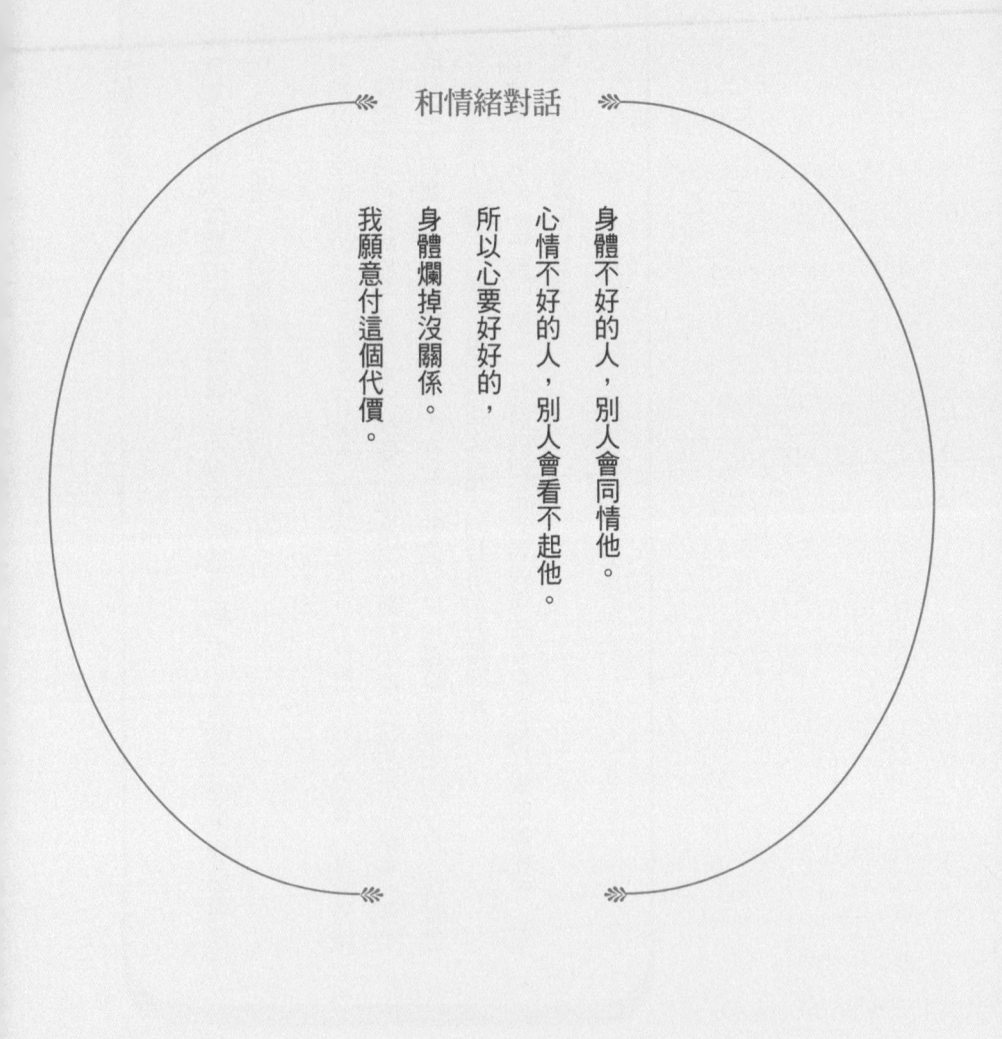

23

身體化效應
情感汙名化的後遺症

突如其來的下半身癱瘓，讓師長們為她著急得不得了。事情發生後，幾位老師開車送她到醫院，透過各種精密儀器進行檢查，沒想到報告結果卻是：「無生理病因」。亦即，醫生們認為她的身體並沒有生理功能的損傷，那麼最有可能的，就該是心因性問題囉？

這樣的機緣下，我和她相遇了，開啟了後續一連串長時間的談話。

第一次見她時，她仍是行動不便的狀態。說也奇怪，她可以前來的那個時間，所有會談室都是滿的，我好不容易才借到位於頂樓的一處空間，還得由兩位壯丁一左一右攙扶，才把她扛上我們可以好好談話的位置。

那天上午陽光普照，遠處的綠意穿越整片落地窗戶進到室內，正好映在她身上。我端詳她甜美的臉龐，卻看到她腿部蓋著一條顏色暗沉的毯子，硬是阻隔了和外在光線的接觸。

感受，對我們的生活也擁有主宰性的力量

對每一位陌生案主的認識，我首重於評估她的人際關係。因為深信人際關係中隱微的挫敗感，會緊密地牽動內在的潛意識與無意識，不知不覺地連結起過去的創傷，或更深層的生命議題。因此，和她初識的前一個小時，我也只是透過對話，來了解她如何與人相處？

數十分鐘過去，我留意到她的話語表面所流露出來的順從與乖巧。是的，她是一個極為貼心敏感的女孩，和其他典型的華人家庭一般，夾在父母親的意見不合中，想要扮演那個討好父母，為他們的生氣與難過負責的孩子。

孩子的這般心態既然難以避免，只得有賴父母在自己情緒過後，能稍稍放下自我的主觀，看見孩子順從背後的偽裝，鼓勵他們把夾在家庭衝突中的感受表達出來。

可惜的是，我眼前的女孩似乎沒有過這樣的機會。或許因為在表象上，她總是用陰沉將自己真實的脆弱包裹起來，又或者她對家人的愛太過執著了，讓她沒辦法自由

地表達出那些可能傷人的心聲。

想到這裡，我忍不住打斷了她的談話。我告訴她：「剛剛聽你說了這麼多，我有一種感覺，好像你在家裡遇到了許多讓你感到受傷的事情，但不知道什麼原因，你沒有辦法把感受表達出來，說自己真心想說的話，只能說父母想聽的話。我認為你委屈了自己，而你的腿正替你表達你的委屈。」

猜猜看，她聽到我說的這段話，反應會是什麼？

原本我以為，這段（我自以為）充滿同理的話過後，她應該要淚流滿面才是？親愛的，被說中了心情，不就該好好哭一場，把所有的委屈不滿都宣洩出來才對嗎？

沒有，她沒有哭。

她不但沒有哭，反而瞪大了眸子，提高音量對我大吼：「才不是你說的那樣！」她語氣激動，生氣地站起來對我說：「我才沒有你說的那麼軟弱！」

就這樣，我們倆都還來不及反應，她腿部的力量便莫名地恢復了。那天，她被兩位壯丁扛上樓；談話結束後，她自己走下樓梯。

接納心靈也有生病的權利

我跟她密集談話一段時間後，才有機會澄清這次經驗。她說，每當身體出狀況時，她總是很擔心檢查不出任何生理原因，而被歸於心因性因素。

「心因性因素，就好像這一切都是我裝出來的。」她說。比起檢查報告結果，她的生理功能一點毛病也沒有，她還寧願自己的身體真得了什麼不治之症，也不想背上「精神病」的汙名。

其實，她哪裡有裝病呢？她唯一費力偽裝的，就是努力要當個受人認可的好孩子罷了！

即便心理學、精神醫學研究越來越普及，我們卻好像還處在一個否定心靈力量的蠻荒之邦。當社會大眾如此固著，人們就越不敢去面對自己內在的情緒，承認像「感受」這種抽象的東西，對我們的生活功能也擁有主宰性的力量。我們把貼近感受當成一種軟弱，以至於忽略了，或許這才是真正的「善待自己」。

接納自己，接納心靈也有生病的權利，而不用非得得到什麼身體上的不治之症，才敢停下來休息、喘一口氣。願意如此善待自己心靈的人，才是真正的勇者呀。

【身體化效應】

不願接納自己內在脆弱的負面情感，而無意識地將其轉化為身體上的疾病。

這裡提到的「身體化效應」，並非指精神病理中的「體化症」或「偽病症」，而比較類似於佛洛伊德所提出「心理防衛機制」中的「合理化作用」。當我們無法接納內心的負面情緒時，便用身體上的病痛來合理化其實是心理上的不舒服感受。

和情緒對話

想忘記卻不敢忘記的回憶，
放不進碎紙機。
剁剁剁，剁剁剁，
它在腦海裡嗡嗡作響。
於是我把耳朵放進了碎紙機。

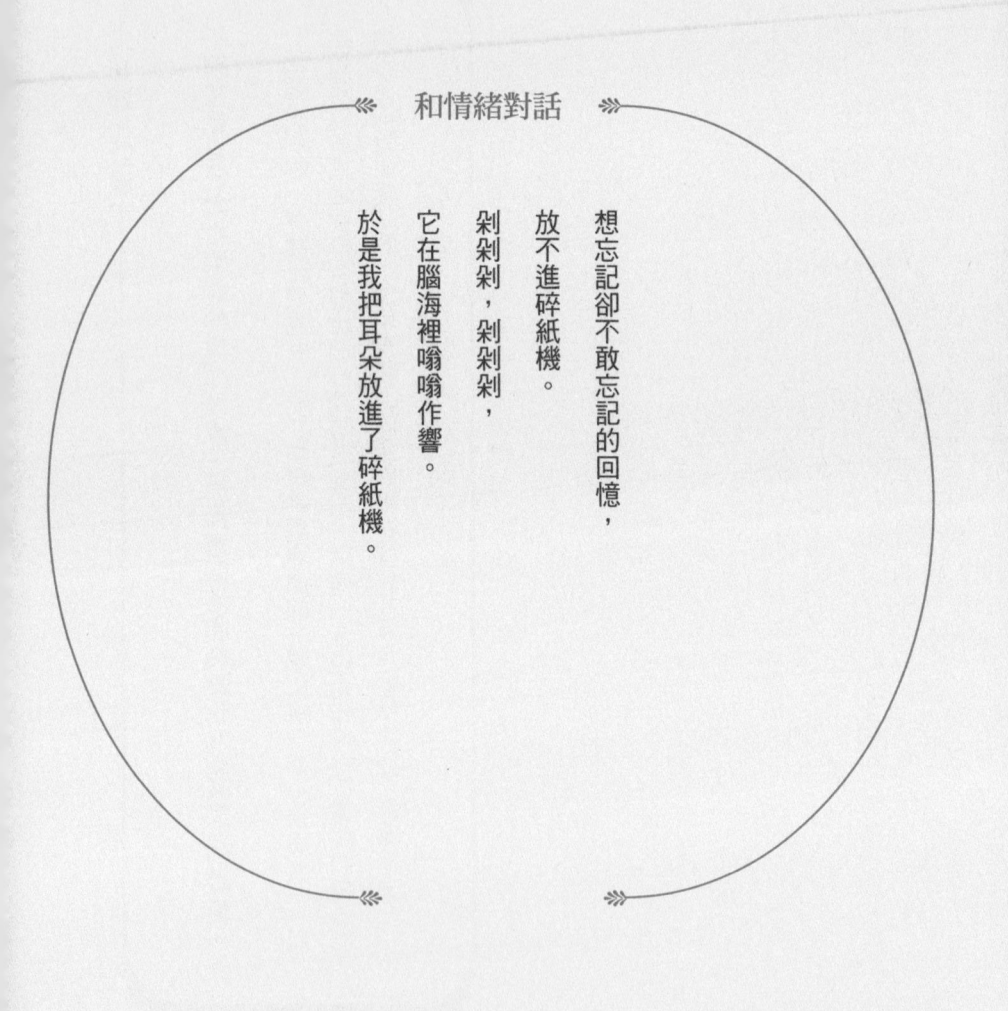

24 否認效應

想證明，創傷已經過去

自從父親離開後，她就與母親相依為命。母親的工作是時常需要值夜班的護理人員，一忙起來就晨昏顛倒，錯過和女兒相處的日常時光。

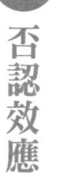

這天是週末，因為恰好是母親生日，母親班表沒有排得太晚，入夜前就會下班，於是她央求受母親所託、幫忙照顧她的鄰居阿姨，先帶她到母親返家時會經過的便利超商等待。母親在無預警的狀況下見到女兒，果然驚喜，母女倆手牽著手，特地繞一段路，去宵夜店喝了碗豆漿，開開心心地談了好一會兒的貼心話。返家時間已經將近午夜，年紀小的她早已哈欠連連，卻捨不得和母親單獨相處的時光，不知不覺拖慢了腳步。

她們彎進一條小巷子，越過這條短暫的黑暗後，右轉不遠處就是她們的家了。哪知走入黑暗才沒幾步路，一個陌生男子手持冰冷的鋒利金屬物，像隻蟄伏已久的黑豹，迅速地擋住母女倆的去路。

想忘記卻不敢忘記的回憶

「把錢拿出來。」對方蒙著面，長條形的尖刀是黑暗中唯一的辨識。

母親擁住她的身子，將她的小臉拽進懷裡，丟出身上的皮包。男子被皮包引去了注意力，側過身子去撿，母親彎下腰在她耳邊輕聲說著：「快跑！」雙手一用力，把她推了出去。

她年紀尚小，腿又不夠長，即便嚇得渾身冒汗，男子仍然快一步地轉身，伸手拉住她的腳步。母親朝男子撞了過去，推著她繼續往前跑，男子被絆了一跤，怒氣掩蓋過理智，舉起右手的尖刀往前砍去，刺進母親的背脊之間。

「快跑……」這是母親倒下前，她記得的最後一句話。

男子行凶後很快逃跑，她則是邊尖叫、邊遵照母親指示越過剩下那截黑暗，回到原先等待媽媽的便利超商求救。警察很快來到，母親被送往醫院，救護車上已無意識與她交談，她則是不再敢尖叫，臉上滿是驚嚇的眼淚。

母親就這樣離開人世。那年，她才十歲。

她被親戚領養，時間慢慢過去，她也逐漸長大，這段經驗彷彿變成她生命中一段意外的插曲而已。她鮮少提起這件事，久而久之，大人也以為她的創傷已經過去。

十五歲那年，她追隨母親腳步報考護專。十九歲那年，她眼看就要畢業，學校師長卻發現她突然穿起華服，臉上化了濃妝，才知道她竟當起了援交妹。

「你到底在想什麼啊？」領養她的阿姨接到學校通知時，十分痛心，當場就訓斥她：「虧你媽為了救你，還犧牲自己的性命，你怎麼會這麼不自重！」

「那是她欠我的啊，誰叫她是我媽？生我沒有好好照顧我，所以才會發生這種事啊！」她激動地回嘴。

阿姨一巴掌打在她的臉上。

防禦式的否認，終於成了一種心理上的病

這是十多年前的故事了。當年我參與其中，對她這種反應也曾有不解。明明小時候就是個乖巧溫順的孩子啊？縱然明白親眼目睹的遭遇令她有創傷，卻怎麼是如此表

現呢？她的同學不解，家裡的長輩不解，或許，連她自己也不解。

發生在生命中的每一個故事，大多需要花上好長一段時間，我們才會懂得它所要傳遞的意義。十多年的接案經驗過去了，我對「情緒」本質有了更多領悟後，才逐漸明白她當時的狀態，是一種層層疊疊、交錯複雜的，陰影之上還有陰影的糾結。

客觀來說，母親的死並不是她的錯。是時空讓兩組不相干的陌生人相遇，是刺下那刀的人無力處理自己的生命議題，而用這種糟糕的方式闖進別人的生活。

但主觀來說，母親的死又像是她的錯。如果她那天不要去便利超商等待，如果她不要找媽媽去喝那碗豆漿，如果她可以跑得再快一點。這樣回想起來，她的心智告訴她，這是她的錯。

為了防禦她的主觀，她又要做些什麼，假裝她不覺得母親的死是她的錯。她乖乖地被領養、安分地念書，但心裡的主觀卻沒有那麼容易放過她，她要多做點什麼、再做點什麼，來防衛這種害死了媽媽的念頭。最後，這些防禦式的否認，終於成了一種心理上的病。

要證明那些感受不是我的感受，那些想法不是我的想法，我們都耗費了過多的力氣。

要證明那些感受不是我的感受，那些想法不是我的想法，
我們都耗費了過多的力氣。

已經發生的事情，在現實上我們難以阻止，在心理上卻可以假裝它沒有發生。然而某些經驗所帶來的痛苦太深了，如果要假裝這些記憶不存在，就需要耗費極大的力氣。行為脫序也好，醉生夢死也罷，只要可以遠離自己真實的感受，其他什麼都好。

領悟了這層道理，我突然想要與她聯絡。

雨後的一個下午，她風塵僕僕地趕來，職業已經是個護士，臉上多出幾層風霜。閒話家常的最後，我問她，現在想起當年的事情，還會埋怨自己嗎？她無言，只是拚命掉著眼淚。我們沒有再交談。

這樣就夠了。

【否認效應】

用誇張的反應來掩蓋曾經發生過的創傷經驗，其中包含某些自我毀滅的行為，是為了抵銷創傷之後的罪惡感和焦慮感。

在精神分析理論中，「否認作用」也是我們降低內心焦慮感的一種心理防衛的行為。

這裡提到的「否認效應」延續這個概念而來，並且更著重在，我們可能會透過哪些非理性的情緒化行為，來否認內在想要遺忘的經驗。

和情緒對話

當我們身在一個不良的互動中，
並不是不想改變，而是害怕改變。
改變雖然可能讓自己變得更好，
卻有可能讓別人變得不幸福。
就好像「快樂」在我們的關係中，有一定的額度，
如果我多拿了一些，就會搶走別人的快樂。
與其承擔這種風險，看著我所愛的人變得不快樂，
我們寧可不要改變，維持現況就好。

25

恆定效應

即使過得十分糟糕，也拒絕改變現況

我還是時常想起她。白皙如瓷的臉龐，順著細長的脖子，連接到她僵硬的肩膀，一個半小時的談話時間，她可以一動也不動，死氣沉沉的模樣，像個展示在櫥窗裡的模特兒。美，但不真實，像塑膠製品打造的。

原來她罹患了暴食症。一位長相瘦弱纖細的女生，一個晚上可以吃掉五十顆水餃、喝掉一瓶可樂，這是罹患疾病以後的食量，相當驚人，也嚇壞了她自己，因此吃完東西後的下一個儀式，就是馬桶前的催吐。逆流而上的胃酸擦破她嘴角邊的皮膚，但她仍然必須經過那些嘔吐，將心裡的罪惡感給釋放出來。

為了改善她的狀況，我邀請她的母親和弟弟前來會談。她的父母早在她念幼稚園時就已離婚，母親是個大嗓門的女性，看得出來脾氣有點暴躁，架著鏡框的眼神不怒而威，高大的身形令人感到壓迫。她的弟弟自從上大學後就離家，已經超過一年時間沒有與家人聯絡。

我們談話時，她主動挑選中間的位置坐下。分坐在她左右兩邊的母親和弟弟，雖然許久不見，卻不到三分鐘就點燃空氣中的硝煙味。母親明顯對弟弟離家充滿埋怨，每句話都是對兒子的嘲諷；弟弟也不是省油的燈，一句一句地頂回去，臉上滿是不屑的表情。

坐在中間的她被左右夾攻，一下是左邊的人叫她傳話：「你跟他說……」一下又要代表右邊的人表示意見：「你回答她說……」十幾分鐘下來，她的臉色更加蒼白，肩膀越見緊繃，臀部呈現端坐三分之一板凳狀，卻一點兒也沒有遠離現場的意思。

尋找自己在家庭中所扮演的角色定位

她為什麼不離開那個位置呢？我忍不住想。這種難堪的氣氛，如果是我夾在中間，一定連呼吸都覺得困難，連一分鐘都無法繼續待著。可是她為什麼能乖乖地坐在那裡，一動也不動，一點反抗也沒有呢？

我沒有說出我的想法，只是請她離開中間那個位置，和身旁的母親換位子。等她位置挪到旁邊後，我注意到她往後多坐了幾公分，肩膀斜度也向下滑了幾吋，我想這是一種放鬆的表現。果然，她逐漸能表達自己的意見，也開始分析母親和弟弟之間的問題。

坐在旁邊的我因而提出一個想法：有沒有可能，她的暴食和憂鬱，是為了維持家庭不要崩壞，所產生的疾病呢？

我會這麼說是有原因的。心理學研究發現：身在家庭中的每個成員，會透過彼此的相處與理解，來尋找自己在家庭中所扮演的角色定位。比方說，一個家庭有兩個小孩，其中一個跑到外面去不肯回家，另一個就會不自覺地補位，變成守在家裡陪伴父母的那個角色。當這種關係的模式形成後，家庭內部會產生一種平衡感，有人負責受苦，有人負責享樂，各司其職，這個模式也就逐漸固定了下來。

然後，最奇怪的事情發生了！每個家庭維持平衡的方式，總有分配上的不平等，有些人就是可以活得比較舒坦，有些人則必須要扛起責任；可是一旦模式固定下來，即便這個模式糟糕到家裡的每個人都在抱怨，大家還是有一種無意識的默契：維持現況就好了，不要隨便改變它，沒有任何事情比改變現況更可怕。

所以她寧願活得如此辛苦，也要守著夾在中間的那個位置呀。

於是我問她，她知不知道自己是用這樣的方式，來為家庭盡忠職守的呢？如果離開了讓她左右為難的角色，如果也放掉這些，去過她自己的生活，會發生什麼？她是不是有什麼擔憂呢？

她眼眶紅了一圈，視線看向母親。母親直覺式地回應：「又不是我要你待在家裡的，我有叫你出去工作啊！」

「她哪敢去工作啊？她怕她一出去，你就跑去死啊！」弟弟不客氣地對母親說。

母子兩人又吵了起來。

直到內心勇氣成熟的那一刻，為人生做新的決定

原來，她母親當年被父親離棄後，從來沒有停止過心裡的怨。她只要一想到這些往事就會酗酒，一酗酒就會打罵小孩，一打罵小孩就會數落他們身上與父親相像的地方。比如，弟弟的五官長得跟爸爸很像，便常常被罵說：「你為什麼長得跟你爸這麼像？你為什麼這麼像那個沒良心的男人？」弟弟被媽媽罵跑了以後，媽媽就把全部的恨都拿來罵姊姊。

女孩無意識地忍耐，因為她怕如果連自己也走了，母親一個人便無法獨活。全家人，包括母親自己，對這種狀況都心知肚明，只是不敢多想。所以跑掉的繼續跑掉，看家的繼續看家，喝酒的繼續喝酒，因為沒有人知道，如果不做這些事，他們還可以做些什麼？他們還有什麼辦法，來忍受那些椎心刺骨的恨意、痛苦與傷痕？

其實，我也做不了什麼的。只能鼓勵她，換個位置，讓身體與心靈，有舒展的空間。鼓勵她的母親，幫她預約戒酒團體，好好地看看眼前這個兒子，或許和當年那男人有許多不一樣的地方。鼓勵她的弟弟，不要老是一個人在外頭，獨自舔拭這種放任家人受苦的罪惡感。

我什麼也做不了，只能陪伴他們，直到內心勇氣成熟的那一刻，發現原來為人生做些新的決定，其實沒有想像中那麼困難。

就像她的母親繼續在專業協助下戒酒，他的弟弟學習正視自己對家庭仍然有愛，而她呢？她把位置換到旁邊後，只花幾個禮拜，就把體重回復到正常水平。

我所能做的，只有繼續陪伴她，直到她真正理解，人生永遠都有轉換位置的可能性。

【恆定效應】

用情緒消沉來阻斷期待改變的希望感，以維持關係中的平衡，避免其他人受到傷害。

「恆定狀態」的概念，最早被談論的是生物體的體內環境，有賴整體器官的相互協調，而能在身體運作下維持一種動態平衡的狀態。家庭治療的學者發現，家庭系統內也可以觀察到這樣的現象：家庭中的每個成員就像體內器官，各司其職地維持家庭裡的動態平衡，使家庭功能得以順利運作。

這裡談到的「恆定效應」，即是延續這個概念而來。

和情緒對話

我想要的，你不曾給我。

他們有的，我不曾擁有。

只有我和我在一起，只有我能被我倚靠。

好吧，我要好好照顧我這個可憐的孩子。

我只有我了。

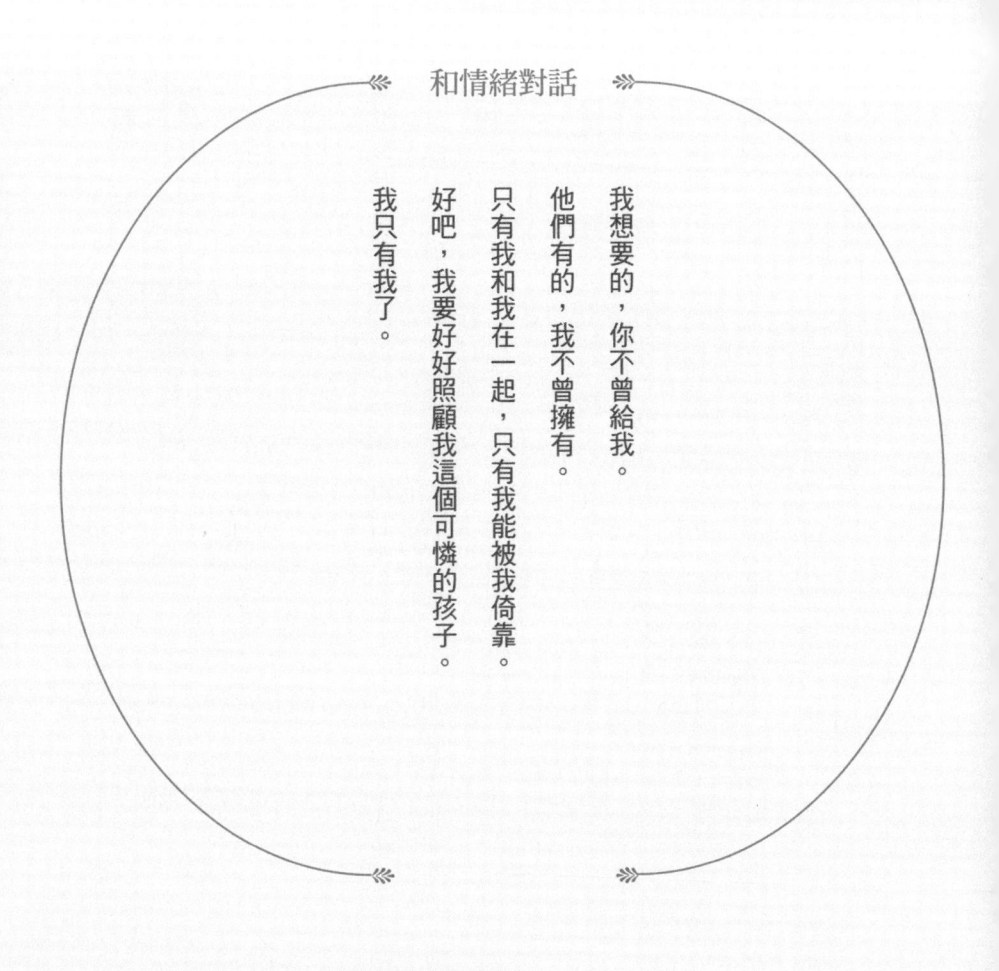

26 自憐效應

用可憐自己，來變得強大

去年暑假搬家時，我整理到自己念碩士班時曾經寫過的一篇研究小論文，主題為「三人行不行」，內容描述的是在各種三人經驗中，總有一人落單的心理探究。容我摘述其中一小段：

「三」這個數字，同時也是陪伴我長大的生命記憶。身為一名獨生女，家庭是我和父母所構成的三人團體，偏偏這三人中又有一人常常不在，留下其餘二人在家時，往往相安無事，但第三人總會有踏進家門的時候，那個瞬間也改變了原本只有兩人單獨相處的家庭動力。身為一個孩子，在那個渴望自己是關係核心的年紀，第三人的加入於我而言像是不速之客，分去了主要照顧者對我的關注，同時心裡仍敏銳地感覺到，我才是夫妻關係之外的，那顆落單的電燈泡。

父親與母親身處的大人世界，彷彿是我始終抬頭仰望、卻無法加入的世界，只好轉而搜尋自己平行視線可及的範圍。同齡友伴的身旁，卻都牽著與他們血緣相繫的手足，他們不用緊牽著手，別人也無法忽略他們之間的關係，更別談擁有相似的表情和五官，證明他們才是同一個群體的人。

大部分的人，是出生後花上許多時間，才明白人生本來是孤獨的。而有些人，就像我這樣的人，是一出生就被迫懂得，人的生命原來是如此孤單。

看到這段十多年前書寫的文字，原本正忙著將家中書籍打包的我，忍不住停下手邊的工作，到廚房泡了一大壺蜂蜜水，坐在窗台前，重新回顧自己的童年。一份心情油然而生：天啊，原來我年輕時還真是個「憤青」，而那「憤」字背後，原來藏著這麼多自憐呀。

我自問，把自己弄得楚楚可憐，有什麼好處呢？

突然想起，每當覺得自己好可憐，生來是如此孤單時，內在竟然會產生一股奮鬥向上的動力，心裡不斷喊著：「衝啊！衝啊！」因為當你相信這世上沒有人可以依靠時，不就只能靠自己了嗎？

自憐感實在太強大了，彷彿一名建築工人，激起我們發展出讓自己更強大的行動，為我們內在心智建構出堅硬的骨架，變成可以讓自我安棲的住所。然後我們住在裡頭，繼續可憐自己，努力成為一個比現在更有用的人。

在媽媽心中，我有多重要？

其實我年紀更小的時候，大概就懂得自憐的好處了。

約莫是七歲年紀，我一個人在安親班，看著同學們被父母接回家，而我還一個人站在教室門口，眼巴巴等待母親到來。那個七歲的我心裡想著：「大家都回家了，媽媽怎麼還沒來接我？是不是在媽媽心中，工作比我還重要？」

我常常覺得這樣落單的自己很可憐，所以年紀越大，越不想理媽媽。上了大學以後，即便仍住在家裡，卻幾乎不再與父母共進晚餐，或許心裡想著：「好哇，在我渴望母親親手煮的晚餐時，你卻忙著工作，總是讓我吃外食，現在我長大了，也不想再跟你們吃飯了！」

這種習慣一直延續到將近中年，「媽媽的味道」也逐漸在我記憶中淡去，變得越來越不重要。

母親一直工作到六十五歲才退休。退休後的第一個月，某天晚上她告訴我不要外食，她要到我家來，為我們煮一頓晚餐。我嘴巴上雖允諾母親，心裡卻浮現一種陌生的感覺，我想起執著於健康的母親，煮飯幾乎是淡而無味的，根本毫無手藝可言。

所以我對這頓晚餐一點期待也沒有，直到母親將菜色規規矩矩地上桌，我瞄了一眼，工整又乾淨的幾道菜，依舊看不出任何調味的存在。我默默地將飯菜咬進嘴巴，咬了一口卻發現，這菜裡、這肉裡竟然是我平時料理的口味？紅蘿蔔是我喜歡的軟爛感，魚肉還罕見地事先醃過了鹽？

我忽然明白，原來這麼多年來，在我覺得自己可憐，而忙著變得更強大的同時，母親也在進化，不再是我曾經以為的她。我忍不住想，是不是她也覺得，廚藝常常被女兒瞧不起的自己很可憐，所以悄悄地記住我味覺上的喜好了呢？

想著想著，我嘴巴裡吃的是飯，心裡吞下的是眼淚，眼淚背後有一個曾經覺得自己很孤單的小女孩，每天盼著盼著，不知道自己在等待些什麼。終於，在成年後，等到了媽媽不用上班的日子，盼到了母親全心全意的一頓晚餐。

一個念頭闖進我的腦海：「原來一直以來，在媽媽心中，我不是不重要，我『也』

很重要。」

那麼，當個「也很重要」的人，真有這麼糟嗎？

那樣的她，造就了這樣的我

我想，對當年才七歲的我來說，「也很重要」的意義，代表我仍然要和外在的人事物，來爭取在母親心目中的順位。然而，現在同樣身為職業婦女的我，不只能夠理解母親當年的心情，也要為她感到高興，她能在那麼喜愛的工作崗位上，盡忠職守這麼多年。

是那樣的她，造就了這樣的我。

不同的母親的樣子，才造就了現在有好有壞、有開心有痛苦的我們。

我突然無法想像：如果我的人生不曾有過孤單？如果我的原生家庭是手足成群，兄友弟恭，父母關係和諧？如果我的父親是個只顧家庭、準時下班的好男人，母親是個家庭主婦，個性隨和自在？如果我真的從小就不曾擁有我認為可憐的那部分的我，現在的我，又會是什麼模樣呢？

【自憐效應】

透過對自我的憐惜，來產生向前邁進的動力。其中的機制包括放大他人的罪惡，以及美化自我的無助感。

阿德勒（Alfred Adler）曾說：「每個人的一生都要面對兩個巨人——我們的父母親。當父母指責孩子時，他們讓孩子看到自己的一無是處。」阿德勒用這段話來解釋人們是如何在自卑感中長大的：無論父母是忽視還是溺愛，都可能讓我們健康成長的過程受到阻礙，然而於此同時，我們也努力尋找新的出路，來爭取超越自卑的可能性。

這裡談到的「自憐效應」，就是深入探討，因原生家庭教養所產生的自卑感，我們該如何思考與超越？

和情緒對話

世界被一條彎曲的弧線畫出了陰陽。
上帝把剛強投給了屬陽的一方，
再把柔軟放進屬陰的一面。
男人和女人以一種分離姿態被創造出來，
卻渴望、憎恨、妒羨著彼此。

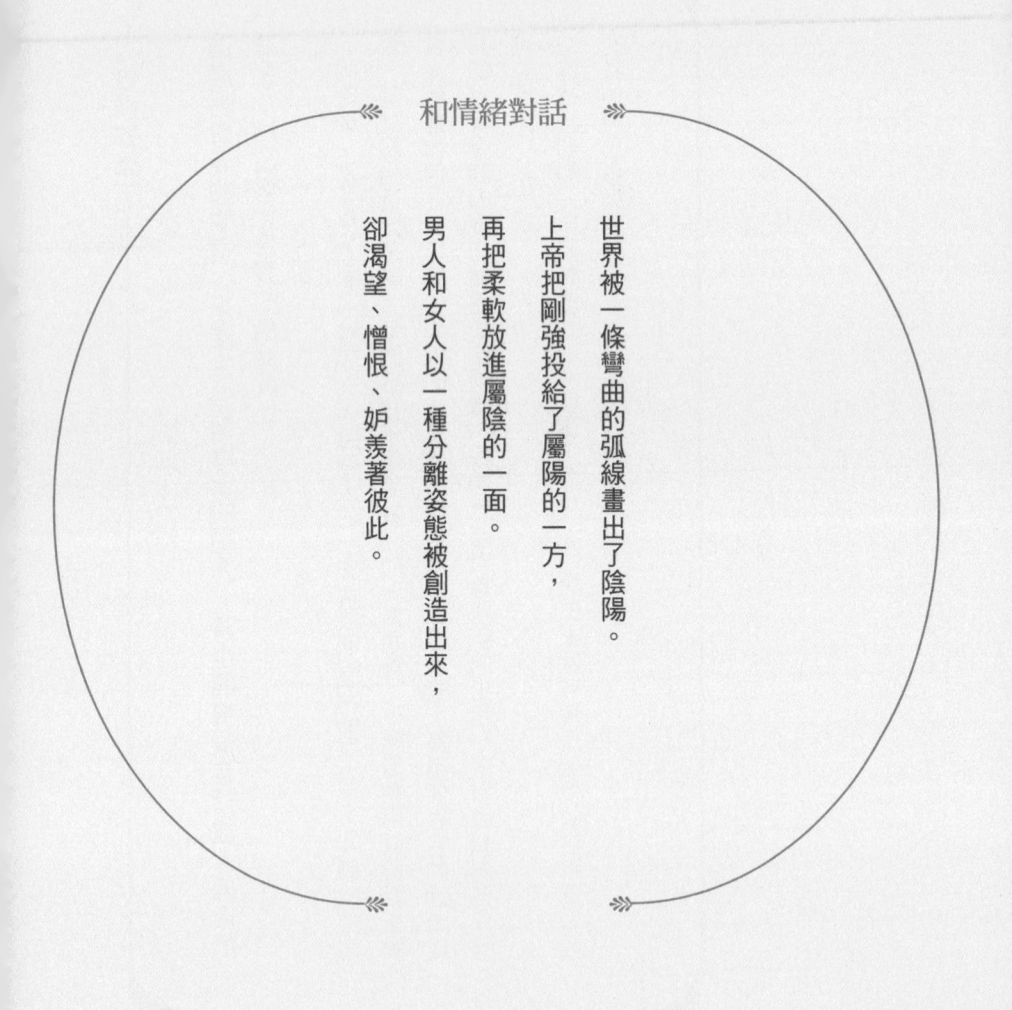

27 伊底帕斯效應
壓抑和平反的力量

底比斯城的國王伊底帕斯，是希臘神話中著名的悲劇人物，因為乖舛的命運造就了「弒父娶母」的事實，最後挖出雙眼自我懲罰，把自己流放到世界的盡頭。佛洛伊德開創精神分析理論時，引用伊底帕斯王的故事，來論述孩子內心對於父母愛戀與競爭的矛盾，稱為「伊底帕斯情結」。

關於伊底帕斯理論，我的想法是這樣的：首先，我確實相信也觀察到，許多未成年孩子對父母的心情是又愛又恨，既崇拜自己的父母，又想要贏過被自己崇拜的父母，透過這種方式，孩子能獲得自我價值感的肯定。換句話說，孩子們需要先有值得崇敬的父母，然後想辦法追隨父母以致勝過他們，在這個過程中，孩子便能證明自己也和父母一樣，是值得別人崇拜的。

其次，是一種比較隱微的情結：什麼樣的人，最後能成為「弒父娶母」的統治者呢？我們撇開那些違反倫理的規範，將這個理論攤開來思考，如果將每個家族比喻成一個國家，所謂血脈的正統繼承人，確實就只能有一個人。所以，「伊底帕斯」理論其實也一併隱述了手足之間的競爭關係，並且這種隱微的論述，在每個朝代的宮廷劇裡頭都在上演。

最後，「伊底帕斯」的隱喻概念，其實也涵蓋了古老的集體思想，如何看待男女性別？「弒父娶母」這四個字的意思是：父親是等著被殺掉的那個人，所以身為一個男人，如果你不能讓自己變得更強，就等於是坐以待斃；母親則是等著被迎娶的那個人，所以身為女人天生的職責，就是乖乖地等著那個來迎娶你的最強的男人。

對權威體制的不服氣

我在藝術大學開設精神分析課程時，曾經有學生問過我：這是否代表佛洛伊德真的是個大男人主義者呢？

這麼說，對佛洛伊德並不公平。至今我仍然覺得，佛洛伊德只是代替我們，說出了存在於人性深處這股不容忽視的內在力量。重點是，「伊底帕斯」的力量比我們想像中，更頻繁地出現在我們的日常生活中。

以前，我不太喜歡「女強人」這種稱呼，覺得這裡頭帶有對女性的貶抑意味；直到我發現這種思維本身，其實就呼應了伊底帕斯的力量，便也開始注意到，這股力量如何對我的生活造成影響？

我在治療師的陪伴下，經歷好幾年的自我探索後，突然發現，比起職場上的其他同僚，我的個人特質似乎更加執拗，對於自覺沒道理之事，更不容易輕易妥協。從事心理治療工作時，這種執拗堅定的態度，為我帶來許多接案上的進展，但是在組織裡缺乏女性的溫柔，卻讓我吃了不少苦頭。

我曾經隸屬於一個工作團隊，這個團體除了我以外，大多是資深的行政人員。當時，一位新來的主管想要和大家建立關係，邀約我們每週固定一個中午，一同到餐廳用餐。我參加了幾次，感覺一群人湊在一起其實也沒做什麼，就是努力地八卦隔壁那些單位的奇聞軼事，那種嘻笑的態度，在我聽來頗有唯恐天下不亂的意味，於是之後的每週聚餐，我就找些理由把它推掉了。

幾個月之後，我被那個團體踢出門外，想當然耳，自己也變成他們努力八卦的核心角色。有趣的是，從來沒有人是用「不合群」這個事實來給我定罪，反而羅織了許多情節豐富的故事。

當年我也挺不識相，只要聽到什麼傳言，就會跑到那位主管的辦公室，問他為什麼這麼做？其中一位主管長我幾歲，是個男性，我聽他解釋了一些偏離核心的瑣事後，便反問他：「你為什麼不直接說，都是因為我『不聽話』，所以事情才會變成這樣？」他停頓了一下，想辦法要再向我解釋，我卻看著他的眼睛對他說：「我真的不想再聽你編這些東西了，我先告辭。」接著便起身向外走。他原本平緩的音量逐漸提高，疾言厲色地對我說：「你給我坐下！」我往外走時，他氣得起身要阻止我。

我們兩個一前一後走出門外，其他同事面帶疑惑地看著我們。

過了好長一段時日後，我才逐漸明白當初發生了什麼事：對他而言，是伊底帕斯情結；對我而言，是反伊底帕斯情結。

每一種生存的樣貌，都有不被批評的權利

伊底帕斯的延伸效應，讓許多男人不自覺地要去壓抑女人的氣焰，在這過程中，許多女人也成為男人的幫凶。

上帝把剛強投給了屬陽的一方，再把柔軟放進屬陰的一面。
男人和女人以一種分離姿態被創造出來，卻渴望、憎恨、妒羨著彼此。

大家看到出頭的女性，就忍不住想要「剉剉她的銳氣」，許多女人為了要生存下去，只好將個性中溫順圓融的那一面給展現出來。像我這種吃軟不吃硬的「男人婆」，如果是在職場上，會逐漸成為異類，要學習扛得住異樣眼光。

這些年來，或許是時代變得不一樣了，或許是女人們開始敢表現出這種「不服氣」的個性了，我身邊慢慢群聚一些性格相仿的女性朋友，大家也認真討論：其實好像說話多點輕聲細語，退一步、道個歉，很多事情就逢凶化吉了，那我們究竟在堅持些什麼呢？

我的答案是：這還是伊底帕斯效應。成長的過程中，我們累積太多對權威體制的不服氣，長大以後，便想要靠自己的力量來平反。證明這世界，可以讓每個人保有自己生存的樣子；證明每一種生存的樣貌，都有不被批評的權利。證明伊底帕斯確實有他的不得已，反伊底帕斯的人也有他們的無可奈何。

證明我們有能力在壓抑、批評和反對中，找到自己想要成為的樣貌。

是的，不論你是伊底帕斯，還是反伊底帕斯？在找到最像自己的樣貌之前，請不批判地繼續堅持著。

【伊底帕斯效應】

貶抑女性身上的陽剛力量，以及男性身上的陰柔特質。目的是透過覺察，來尋找自己身上獨特的完整性。

「伊底帕斯王」的故事，最著名的就是佛洛伊德把它引用來詮釋「戀母情結」，因此古典精神分析理論中，便有許多與戀父、戀母情結相關的討論。

這裡談到的「伊底帕斯效應」，僅保留「尊崇男性陽剛面」的概念，加入榮格（Carl Gustav Jung）「阿尼瑪／阿尼瑪斯」的思考，探討人們如何超越這種陽剛與陰柔的尊卑概念，發現更完整的自我。

面對逐漸老去的父母，8件不要做的事？

1 **不要對他們不聞不問**。偶爾回去讓他們酸兩句，可能會讓你過上一陣好日子。心裡真過不去時，請想想，或許這樣幫你消了不少業障也不一定？

2 **不要把父母的酸言酸語聽進心裡去**。都這樣相處幾乎一輩子了，如果有天他們突然變得溫柔可親，你不覺得心裡發毛嗎？

3 **不要想改變他們的生活習慣**。如果是你，已經在山洞裡住了六十年，突然叫你走到大太陽底下，你敢嗎？

4 **不要要求他們像個成熟的長輩**。除非你有把握，等你到六十歲時，不會比他們更幼稚。

5 **不要期待他們對你和你的兄弟姊妹能夠公平**。因為你討的不是公道，是愛。而這麼做或許會讓你看不見，有能力提供你更多愛的人。

6 **不要輕易看不起他愛你的方式**。這可能是他唯一學會的愛人方式。當然，你絕對有機會用更了不起的方式去愛他。

7 **不要用超過一半的時間在指責或抱怨他們。**因為這讓你變成媽（爸），而他們變成孩子。但我們都知道，當小孩的時候其實比較快樂。

8 **不要為他們的人生過分操心。**我們畢竟都只是平凡的人類，誰也無法左右別人生命中，需要靠自己修練的功課。

Part 4

情緒，感受並持續活著

和情緒對話

腦袋不想想起來的，心會自己想起來。
嘴巴不想說出來的，心會自己說出來。
你說的，我聽見了。
我聽見的，是我心裡也記得的。
於是我和你就被串起來了，
我和我自己也被連結起來了。

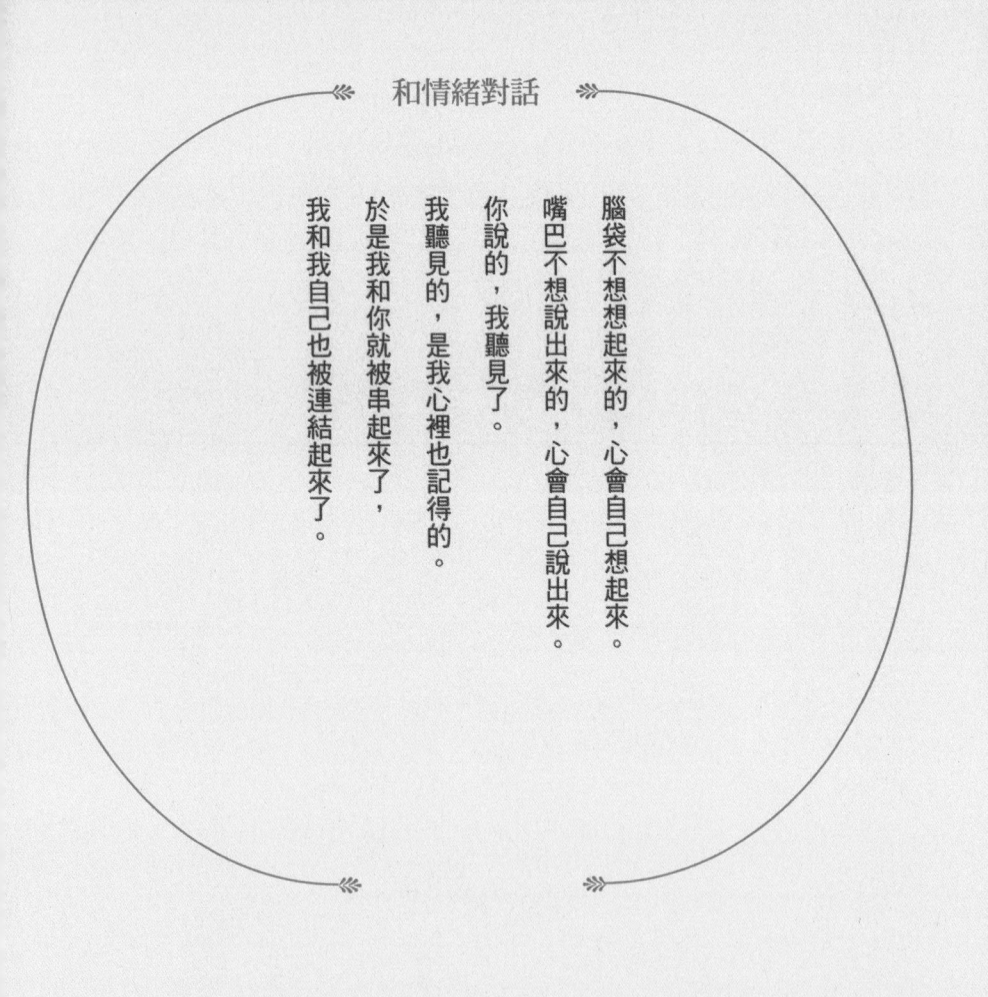

28

關鍵字效應
關注你我內在的共通主題

那天，放學後帶著女兒和兒子去吃飯。一個心情不太好的日子，照慣例得要來杯珍珠奶茶，平衡自己的心情。

天氣很冷，天空又開始飄起細雨，接過店員遞過來的珍珠奶茶後，我立刻想要鑽回車上。兒子跟在我身後，迅速地回到車邊，我轉身一看，卻看到女兒還在飲料店櫃檯前發呆，呼喚她的同時，店員也提醒她母親和弟弟已離去。她急忙坐上車，垮下了臉，開始氣呼呼地碎唸：「你怎麼可以不等我？你怎麼可以不叫我？」

我心裡有點冤枉，告訴她：「媽媽怎麼可能不等你呢？我剛剛不是看到你還沒來，就叫你了嗎？」她仍然難以平復，像張口就壞掉的收音機，反覆播放著相同的走音旋律。車廂裡的我們，碰撞出一股難以言喻的、窒礙的氣氛。

我突然想起女兒小時候的經驗。

她有一個忙碌的爸爸，和一個在念博士班又懷孕的媽媽。她兩歲那年，因為我們實在忙不過來，只好將她暫時送回南部阿嬤家「託養」。卻又正逢阿嬤更年期身心失調，當阿嬤身體狀況不太好時，女兒又會被送到兩個小姑家輪流照看。

想到這裡，我似乎懂得了她情緒背後的不安，於是閉上了嘴，用聆聽來接住她的抱怨。她的碎唸聲卻逐漸轉小，留下窗外沙沙的風雨聲。

你看過有人弄丟他的頭頭、手手和腳腳嗎？

到家後，我停好車。女兒卻遲遲沒有要下車的模樣，小聲猶豫地說了句：「我就是怕被你弄丟嘛！」我轉頭看著她，對她說：「我知道。所以我打算等下好好地聽你說這件事。」她似乎有點滿意地跳下車。

進到家門，我喚女兒來坐在腿上，看著她的眼睛，問她有沒有想對我說什麼？她又說了一次：「我就是怕被你弄丟嘛！」

依照我的理解，當某人反覆提起某些重複的語句、重複的關鍵字時，通常是背後還有一些卡住的情緒沒能表達，尤其對年紀小的孩子而言，常常透過這樣的方式來提醒別人關注他的情緒，以修通某些潛藏內在的不安。

於是，我突然對「弄丟」兩字有了一些聯想，我想起自己是個時常會將手機和皮包忘在餐廳的糊塗媽媽。我試著問女兒：「你是覺得媽媽會像弄丟手機和皮包一樣，把你弄丟嗎？」沒想到，女兒聽我這麼說，還真的點點頭，給我相當肯定的答案！（真是好樣的，原來女兒覺得，她在我心中的地位，跟手機和皮包是一樣的……）

我頓時有點語塞，想了想後，又問她：「你有看過有人弄丟他的頭頭嗎？」她搖搖頭。

「你有看過有人弄丟他的手手嗎？」她又搖搖頭。

「對媽媽來說，你就跟媽媽的頭頭和手手一樣。」她專注地看著我。

「你剛出生的時候，身上有一條臍帶把我們連著，雖然那條臍帶已經被剪掉了，但在媽媽心中，那條臍帶還連著我們。所以對媽媽來說，你就跟我的頭頭、手手和腳腳一樣重要。」她突然靠上來抱著我。

「你有看過有人弄丟他的頭頭、手手和腳腳嗎？」

她搖搖頭，又哭又笑。

接住了她，也接住了自己

我倒是想起自己小時候，時常感覺到被「弄丟」的經驗。在大賣場裡，我多次弄丟了媽媽的手，在陌生的環境和人群中，一個人焦急地流著眼淚。長大以後，這種感覺逐漸擴大成人際和伴侶關係中的不安。

好幾次，在分析中，治療師不厭其煩地用聆聽「接住」了這種感覺。我非常感謝他（們），從來沒有用什麼詭異的名詞來隨便定義我，於是突然有一天，我發現自己身上開始有了這種「接住」別人的能力。

有些時候能接住所愛的人，更多的時候能感受到自己被伴侶穩穩地接著，不知不覺長出更多力量，「接住」更多案主，陪伴他們和我一起成長。在接住和被接住的過程中，我們好像慢慢地把弄丟的自己找回來了。

就像我和女兒相互擁抱的那一刻，看似我接住了她，卻更像是我也接住了自己，接住了那個年幼焦急且慌張的自己。

這種感覺讓我對人性抱持無比正向的希望：倘若我們覺得自己的人生總是遇人不淑，找不到一個可以接納自己的人，那麼我們更要學著去接住別人。

或許，這就是老天幫我們打開的另外一扇懂得自我悅納的大門。

【關鍵字效應】

某些重要經驗發生時，過去的心結會透過重複性的語言，在經驗當中展現。覺察人我之間，某些共同存在的心結，將有助於營造具有滋養性的關係。

在心理諮商的實務訓練中，諮商師總會敏感於當事人會談時重複出現的主題。這裡提到的「關鍵字效應」，即是以心理諮商的精神，探討我們如何透過情緒性的行為，來辨識他人和自我的內在，有著什麼樣共通的、還未被解決的議題。

和情緒對話

時間總會過去。
雖然等待的時候，我們以為時間不會過去。
但時間讓等待變得不像等待。
等到等待不再像等待時，
時間早就已經過去。

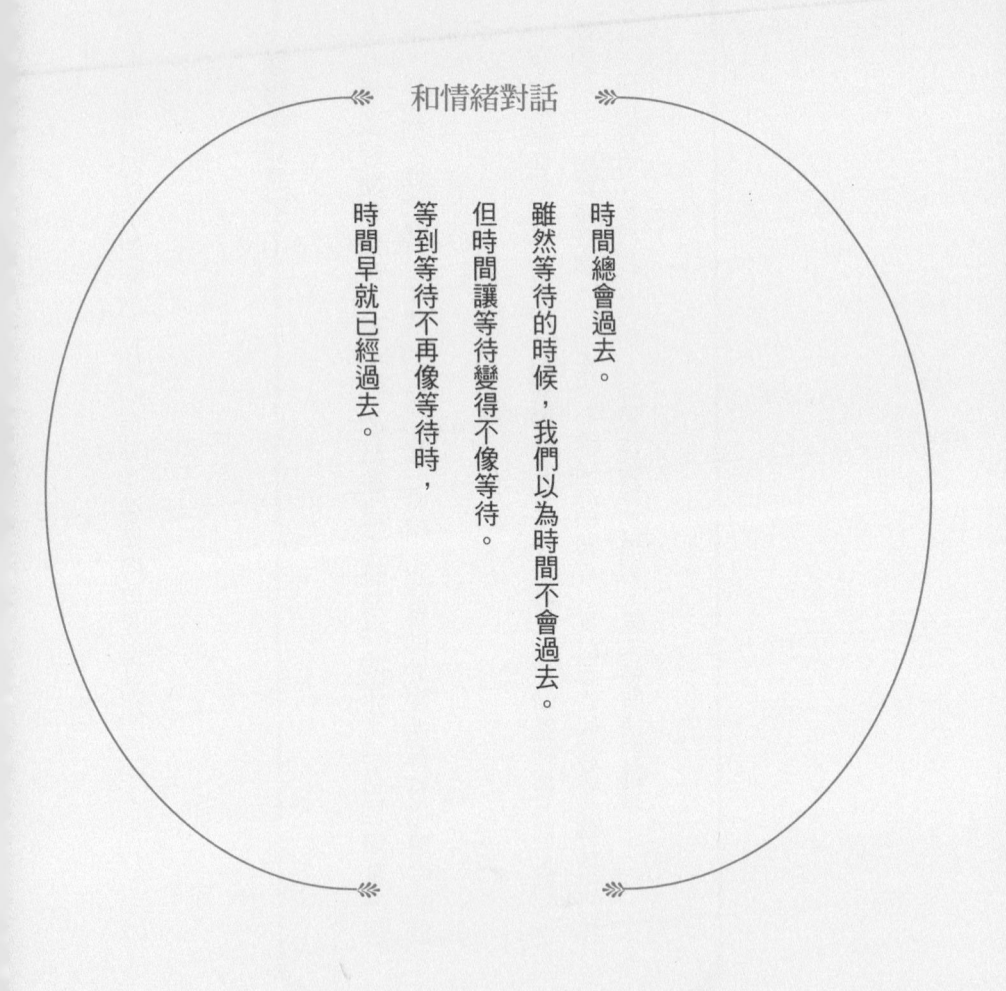

29 懸置效應

原來，只是時間還沒到

今年即將邁入六十大壽的阿林，心裡總是帶著某些遺憾。阿林的父親是南部某鄉鎮的仕紳地主，小時候父親時常抱著他爬到高處，望著腳下一望無際的農田，告訴他：「從這裡一直到看不見盡頭的地方，都是我們家的地。」此時，阿林眼中的父親，是天上永不殞落的太陽，是阿林身邊最重要的依靠。

只是阿林沒想到，那個年代裡，了不起的男人往往多妻，父親也很快吸引了願意下嫁為妾的二媽。二媽入門後，家裡的一切都變了：阿林的母親變得鬱鬱寡歡，更不得父親的歡喜，父親逐漸把寵愛和心思放到二媽身上。但二媽善賭，又揮霍無度，父親和她在一起沒幾年，就陸續變賣許多田產，等到田產差不多散光時，父親也沒落得只剩下一口氣，還沒來得及安享天年，就往生了。失去做為靠山的父親，二媽還有什麼臉待在這個家裡？喪禮後沒多久，連人帶錢，整個消失得無影無蹤。

阿林那時還是個青少年，原本的家世，應該能讓他有田有厝、衣食無虞地長大，但這一切都被一個不相干的女人帶走了，母親也相繼含怨離世。阿林等於失去一切，僅剩下一方三合院，充滿原生家庭哀傷的回憶。於是他背起行囊到北部打拚，開公車、大卡車、砂石車，奮鬥不懈的精神，讓他認識了他的太太阿杏，兩個人靠著努力攢下一點錢，回到家鄉，在老家三合院旁邊，又蓋起一棟兩層的樓房。

生了三個可愛的孩子後，阿林重新有了家的溫暖。但提起那個敗家的二媽，阿林依舊生氣，如果不是因為她，或許阿林不會年紀輕輕，就成了無依無靠的孤兒。

時間讓等待變得不像等待

某天，阿林家門口來了位不速之客。遠看，是個出家女尼，佝僂的身子，托著缽，逐漸靠近。阿林是個善良的人，看到出家人，自然熱情地招呼，走近一看，卻認出眼前的女尼，就是當年害父親敗掉了全部家產的二媽。

「阿彌陀佛。」對方開口，向阿林化緣。

阿林的手顫抖著，這麼多年來，他時常在惡夢中想起當年的二媽，想起她在自家房子裡，帶給父親多少羞辱，帶給母親多少傷害。

「阿彌陀佛。」對方再開口，向阿林化緣。

阿杏也聽到外頭的聲音了，從廚房裡走了出來，看見丈夫不尋常的模樣，她抬起頭看了看眼前的出家人，沒多久，就認出那張時常被阿林看著的照片裡的臉孔。

阿杏緩緩地退到客廳，打開抽屜拿出一疊千元鈔票，直接遞向化緣的出家人。阿林卻早一步將鈔票接了過來，阿杏轉頭看向丈夫。阿林將鈔票遞給了對方。

「阿彌陀佛，善哉善哉。」

阿林度過六十大壽的幾年後，接到一間寺廟的來電，告知他：昔日來化緣的那位出家人，那曾經的二媽，因為日後疾病纏身，已經在寺廟中往生。

阿林和阿杏決定到寺廟裡接回二媽的骨灰，安葬到靈骨塔中。回來以後，阿林病了一個月。康復後阿林說：「時間已到，恩怨已了。」

很多無法理解的事情，只是因為時間還沒到

阿杏也有她的故事。她是北部新店山上長大的採茶姑娘，赤著腳在茶田之間出

生，但因為生為女兒身，無法成為農地裡的生力軍，反而讓已經兒女成群的家庭負擔更大。於是阿杏的父母將她送養給山下一對好心的夫妻，這對夫妻沒有自己親生的孩子，便陸續領養了四個小孩。阿杏原本是原生家庭裡倒數第二個小女兒，但來到新的家中，卻成為三個弟弟妹妹的大姊。

有人說，被領養的小孩是幸福的，能夠同時擁有兩對父母的疼愛。然而，在阿杏那個年代，生來勞碌命的女孩兒，被領養後卻是負擔了奉養兩邊父母的責任。

直到跟著阿林回南部落地生根，阿杏才開始為自己的人生打算。結婚之前，她心頭一直有種失去了根的感受，不知道自己真正的家在哪裡？不知道為什麼，父母明明有好幾個女兒，卻獨獨把她給送了出去？

是她不好嗎？是她長得不夠討喜嗎？為什麼，父母選擇的是她呢？

即便養父母實在是兩個大好人，阿杏心裡的苦，卻從來沒有少過。

阿杏六十多歲時，她九十多歲的高齡生母病危，臨終前，包括阿杏在內的所有兄弟姊妹，都被召喚回山上。生母躺在病榻，嘴裡含著囈語，像是做任何人都無法理解的夢，忽然，她迴光返照似地，獨獨對著阿杏一個人說話：「女兒啊，你還在怪我嗎？我知道你還在怪我，對不對？」

原來很多事情，不是永遠不能明白，
也不是永遠不能放下，只是時間還沒到。

阿杏忍耐了五十多年的眼淚，梗在眼眶裡，一點兒也不敢流下來，怕讓老人家無法一路好走。

「你不要怪我好嗎？你不要再怪我了好嗎？」母親繼續囈語。阿杏搖搖頭，咬著嘴脣，還是不敢讓眼淚掉下來。

生母望著阿杏自言喃喃，直到雙手下垂，失去力氣，離開人世。阿杏抓著母親的手，眼淚在此刻終於一串串掉落，再也無法控制。

母親離世以後，阿杏比丈夫阿林病得更久，身體康復之後她只說：「原來她還是愛我的。」

阿林和阿杏，是我先生的父母，也是我的公公和婆婆。這十五年來，我看著他們面對原生家庭中最深的遺憾，也陪著他們一起領悟：原來很多事情，不是永遠不能明白，也不是永遠不能放下，只是時間還沒到。

時間還沒到，有些事情就只能在這裡懸置而已。曾經我和她之間，也存在著嚴重的婆媳問題，但梳理這些過往的同時，我好像也更靠近了她，更明白了什麼。

原來，很多沒有答案、無法理解的事情，真的只是因為時間還沒到。

【懸置效應】

對於尚未明確的事物，以及還不知道怎麼解決的問題，只能先中斷對它的起心動念，來免於憂愁和焦慮。等到時機成熟時，這些不明之物就會浮現出來，成為我們對人生的領悟。

在「現象學」的研究方法中，時常談到「存而不論」的概念。意思是說，當我們要去探究及解決一個還沒有得到答案的問題時，需要先把個人的情緒和既有的假設，「放到一個括弧中」，彷彿它不存在。

比方說，我們看見一籃黑色的蘋果，主觀可能讓我們覺得奇怪：為什麼蘋果會是黑色的？然而，當我們將這個假設放置到內在一個懸置的空間，先不要去搭理它，搞不好有一天會發現：噢，原來這一籃根本就不是蘋果。

這裡所談到的「懸置效應」，便是用這個概念，來探討我們面對負面情緒時，可行的態度與方法。

和情緒對話

有一種溝通是不用溝通。
有一種體貼是不必言說。
有一種善良是把痛苦留給自己。
但如果心裡被敗壞給填滿了，
關係也就跟著腐爛了。

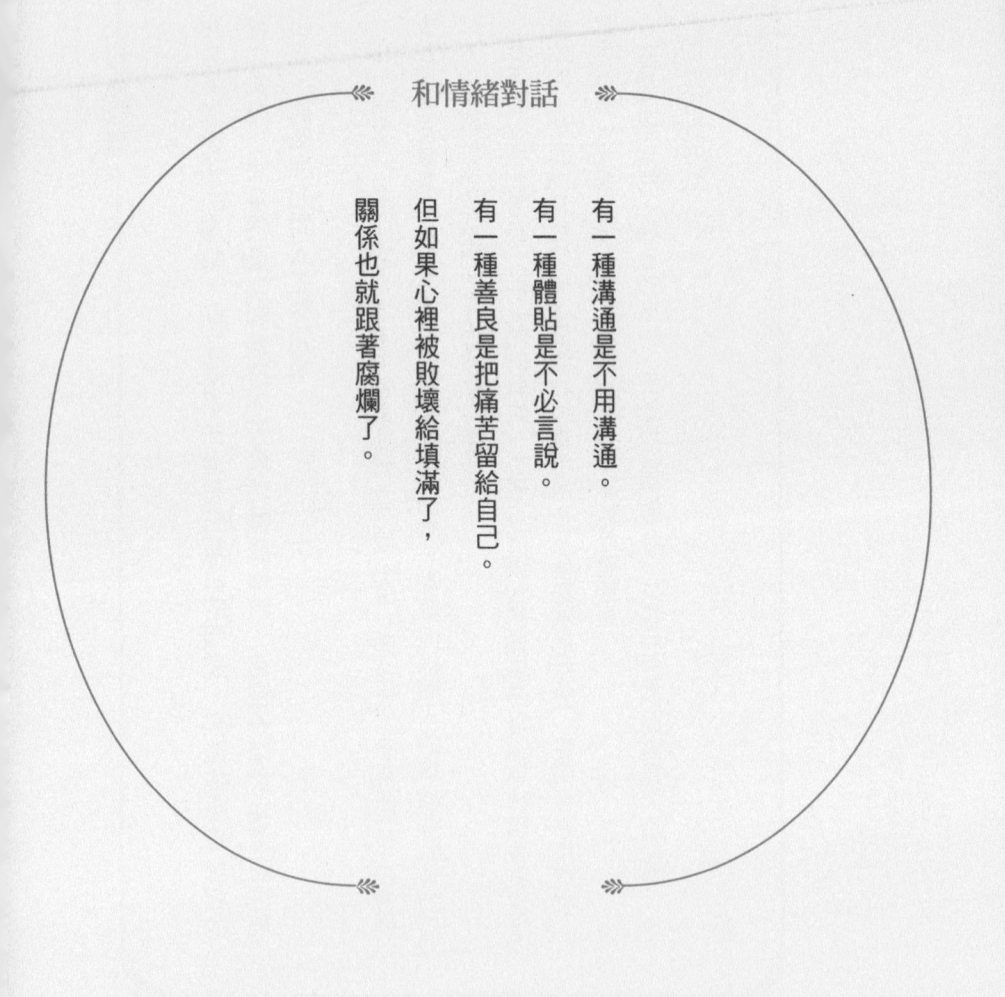

30 悶燒鍋效應
時候到了，就應該打開

在婚姻市場中被視為熱門人選的年輕男子，和大他六歲的女人相愛了，女人離過婚，帶著一個小孩。這段愛情從一開始，就非常有默契地在檯面下悄悄滋長。

男人也很愛這個小孩，想要將她視為己出，於是每天陪著女人去學校接孩子，甚至跟著她們一起參加親子才藝課程。學校老師都不敢相信，付出到這種程度的人居然不是親生父親？看向男人的眼神，始終懷抱著敬意。就連家庭聚會也是如此，孩子自然地跟著男人，親暱地叫他「爸比」。男人覺得這樣的生活好像也不錯，提早進入家庭關係，何嘗不是一種幸福？

只是到了假日時，孩子需要規律地回到女人的前夫家。男人開車送她們，會稍稍目睹「那一家人」相聚的短暫片刻，他有種被隔離的感覺，不論自己再怎麼付出，孩子仍將在學校手作的父親節卡片，送給自己的親生父親。當他洩露這種感覺，就會不知不覺地和女人產生爭執，吵到最後常常沒什麼結果，兩個人都覺得疲累。

慢慢地，男人學會把話悶在心裡，為了保護兩人的關係，不要隨便說出真心話。男人越來越容易因為小孩的存在而感到煩躁，但他和女人的相處又那麼完美契合，女人彷彿是全世界最懂得怎麼愛他的人，如果沒有這個孩子，那該有多好？然而，這終究是不可能發生的。

男人陷入死胡同的困境中，想到要抽身離開，實在有太多不捨；想到要留下，又沒辦法想像一輩子都活在這種處境中，會有多麼恐怖？

男人的腳步逐漸變得沉重，工作時也沒辦法像以往一般，充滿幹勁。男人的背脊不再直挺挺的，一副毫無畏懼的模樣，在一個他所愛的人身上，他失去了原有的神采飛揚。

不把鍋子打開來救自己，是一種自虐

男人告訴我這個故事時，希望我幫忙分析，他現在的心理處境是什麼？

我告訴男人，我怎麼看待這件事情並不重要，他怎麼解讀現在的自己，才是我所關心的。男人想一想，告訴我一個饒富意味的答案：「我覺得我的心，被關進了一個悶燒鍋，在裡頭悶啊悶啊，也沒有瓦斯，也沒有人點火，沒有任何外力的加熱，但我覺得自己的心已經快要被煮熟了。」

聽男人形容得活靈活現，我問他：「那麼是誰把你的心，關進了悶燒鍋裡呢？」

沉默許久，男人告訴我，是他自己關進去的。

我問他是怎麼辦到這件事的？他說：「只要你什麼都不說，把所有的壓力、感受、想法，通通藏在心裡，就可以辦到這件事了。」

我問男人，這麼做有什麼好處嗎？

他又想了很久，回答說：「這麼做，起碼不會把別人的心給烤熟。」

我笑了笑，回應男人說：「那你真是個好人。」

幾天後，男人回來告訴我，他決定把悶燒鍋打開了。

我問他怎麼下這個決定的？

他說，因為自己的心和食物不一樣，心會跳動，會有感受，所以等到他被悶得夠痛的時候，人會知道。一個人明明知道自己的心在疼痛，卻還置身事外，不把鍋子打開來救自己，是一種自虐。對自我來說，這實在太不厚道了。

我問男人，所以他是做了什麼，打開這個悶燒鍋的呢？

男人說，這很簡單，打開原本悶住的自己，讓感受跑出來而已。感受出來了，心自會引領我們的腳步，去做出一些行動。比方說，他告訴女人，他不想再這樣每天都帶著小孩，他還年輕，他想要有兩人世界的生活，就算女人覺得這樣很自私、對他感到失望，他也不想再讓自己的委屈，消磨掉兩人之間的愛情。

女人問他，這是要分手的意思嗎？我也猛點頭，想知道答案。

男人聳聳肩，說：「我不知道，我就是想把話說出來而已。不行嗎？」

就只是想把話說出來而已

不行嗎？這問題問得好。

只是想把話說出來，而沒有想改變什麼、爭取什麼，真的不行嗎？這世界上難道沒有人，只是為了把話說出來而表達嗎？這世界上難道沒有一些事情，能夠只是「說」和「聽」，然後其實什麼也不用做、不用改變的嗎？

一年後，我又遇到了這個男人。

問他最近過得怎麼樣？男人說：「我們還在一起耶。」他笑了笑：「問題一點都沒有解決，小孩怎麼甩都甩不掉，我還是怎麼看怎麼不舒服，只是現在有什麼感覺就會馬上說。」

男人告訴我，至少他把神采飛揚的自己找回來了，剩下的只能隨緣。

再過一年後，男人和女人結婚了。喜宴上，男人的結婚感言是：「我也不知道我們什麼時候會離婚？」新人的父母瞪大了眼睛，白了他一眼，朋友則是哄堂大笑。

我因為深知內情，對他的表達感動不已，心裡想的是：這頭悶燒鍋，還開得真是徹底。

【悶燒鍋效應】

在人我關係中有許多感受，因為不好說，所以大部分的人選擇不說，把心裡的感受悶起來。但若覺察到這些不說已經造成內在煩躁的感覺，就應該要鼓起勇氣表達，以免對關係造成真正的危害。

自佛洛伊德之後，精神分析領域有許多證據指出，人們會使用「壓抑」機制來面對具有創傷、或無法解決的事情。

這裡談到的「悶燒鍋效應」，則延續「壓抑」這個概念，探討在這種狀態下，我們可以如何面對與解決？

和情緒對話

我們需要一些儀式，
來畫出一個空心的句點。
然後把我放進那片被圈住的空間，
才有哀悼的可能，
重啟未完的生命。

31 未完成效應

那些沒有句點的遺憾

我在大學教授心理學課程時，必然會出一道需要在期末繳交的作業。這個作業活動被我稱為「解放遺憾」，打從學期初開始，我就要求班上每一位同學，想一想自己人生中那些想做、卻一直還沒有去做的事情，然後從裡頭挑選出一項，在這個學期之間去完成它，並且記錄完成此事的經過和心得。如果整個學期結束還沒辦法完成，也要做自我分析，思考這背後的困難，以及無法完成的原因是什麼？

前些日子，我收到一份作業，內容是這樣的：

作業的主人說，她回顧自己人生中想做但不敢做的事情，其中引發她最強烈欲望的，是想要回去見見初戀時甩掉她的情人。因為必須完成這份作業，她鼓起勇氣約了初戀男友，對方雖然半推半就的，還是答應出來和她見面。他們見面的地點是過去時常約會的公園，那天她比約定時間更早到現場，然後看著熟悉的身影，從遠方慢慢地走近。直到對方站定在她面前，話還來不及說，她就甩了對方一巴掌，接著頭也不回地就離開了。

完成過去的尚未完成，才能夠真正地哀悼那些失去

閱讀這份作業後，我忍不住把作業的主人喚來，想要多了解一下當時的狀況。我問寫下這份作業的女孩，當她甩了對方一巴掌後，對方的反應是什麼呢？

她說，對方一點反應都沒有，愣在現場，眼巴巴地看著她離開了。

我忍不住笑了笑說：「喔，這樣啊？那或許他知道自己曾經對不起你。」當然，我心裡還是暗自捏了把冷汗，慶幸這份作業最後能順利畫下句點。

我問女孩，甩了對方一巴掌的感覺如何呢？

她不好意思地說，其實也只有輕輕打一下而已，但是，感覺「真的很爽」。在這之前，有好幾年時間她都鬱鬱寡歡，體重掉了很多，人也變得十分憔悴，心裡對於情人離去有許多困惑。那天再見一面，重點倒不是打他的那一巴掌，而是心裡悄悄設下了一個儀式，當她揮出手，彷彿也斬斷了過去苦苦糾纏的萬縷情絲。

說到這兒，她開始流淚，我則是替她高興。當她願意做些什麼來完成過去的尚未完成，才能夠真正地哀悼那些失去；當她對於過去的失落有了哀悼，也才會有重新向前走的力量。

這幾年，我對於遺憾的層次有了更多不同的想法。

有一種遺憾，是想做什麼、但實際上沒做什麼的未完成感受。比方說，來不及見到親人最後一面，或者，在與情人分手時沒有把想說的話都表達出來。

還有一種遺憾是更深層的，是覺得當初自己做錯了什麼，夾帶著深深的懊悔，心裡吶喊著「如果可以重來一次，我會……」。這種未完成感受更難處理，因為不只是想要把沒做到的地方補上而已，還有想要改變、甚至撕裂過去的渴望。而這種層次的遺憾，更容易為我們帶來無意識的自我懲罰。

面對「後悔」的情緒，我們需要的是「重新整理」

娜娜十六歲那年，因為覺得父母管教她太嚴格了，親子之間多有摩擦。娜娜在家裡時常感到孤單，便上聊天室結交了幾位網友。

某天，她和父母大吵之後，一位平常相談甚歡的男性網友，說要約娜娜出來陪她解悶。娜娜心情實在太差了，沒有想太多，晚上偷偷跑出去和網友碰面，結果被網友和他的朋友們帶到荒郊野外，性侵成功。網友威脅娜娜，不可以把這件事說出去。回家以後，娜娜把自己的身體洗了又洗，怎麼都洗不掉那種深深受辱的感覺。後來，娜娜把一頭長髮剪掉，從此不再作女性裝扮。一直到現在。

娜娜說起此事時，語氣冷冷的，反應也冷冷的。但我可以想像，她心裡裝了多少層次的後悔？

「後悔」這種情緒最致命的殺傷力，在於我們往往將這種複雜感受，壓抑進情緒的最底層。改變不了過去的無力感，轉成一種無意識的自我懲罰——就像娜娜從此不願再留長頭髮，也不願再穿女裝，她還拋棄了自己最喜歡的粉紅色，覺得這種顏色太女人了，「很噁心」。但我想，娜娜這句話背後的意思是：她自己太女人了的那一面，很噁心。

經過許久的聆聽與陪伴，娜娜才開始穿越憤怒，看見自己心底的後悔。她後悔自己不該和父母嘔氣，不該瞞著父母偷偷跑出去，不該信任沒有見過面的網友，不該真的連報警也沒有，不該就這樣放過他們，不該任他們逍遙法外……，層層疊疊後悔的情緒，逐漸堆成無處可說的困境。

說吧，說吧。我拍拍娜娜的肩膀。

當我們陷入在後悔的情緒中，很容易因為說了也沒有用，說了也無法改變過去，所以選擇封閉，讓身心能量都卡在無法完成的情緒裡，生活當然不會好過。

然而，面對「後悔」的情緒，我們需要的是「重新整理」，整理當時的自己為何那麼做？為何不那麼做？覺察過去的自己是個什麼樣的人？面臨怎樣的無可奈何？把那些細節看清楚了，才知道哪裡有可以成長的空間，才知道現在的自己擁有什麼過去沒有的資源？

面對遺憾，我們可以將那些未完成的部分給補上，然後放下；我們也能選擇繼續帶著那些未完成、無法完成的部分，但透過對它們的重新整理，來開展新的人生。

【未完成效應】

當某些事件中存在著我們心裡未被滿足的需求，它就難以退回記憶資料庫，而轉變成阻礙我們身心的能量。情緒的任務，就是幫助我們辨識出這些事件，並用適當的方式來完成它。

在心理諮商理論中，「未竟事務」主要是由完形心理學取向所提出，用「形象」與「背景」的概念，來說明我們心中沒有放下的人事物。

完形心理學認為，那些未完成的事物，會在我們內心形成一股未滿足的需求與能量，也成為我們內在關注的焦點，亦是凸顯在心靈深處的「形象」；當這股需求一直沒有被完成，能量便一直卡在那裡，阻礙我們與當下的實際互動，此時此刻發生的事則因為這種阻礙，退到心靈的「背景」之後，不被我們所關注。換句話說，當過去的某些心結未被完成時，我們就難以活在當下。

這裡所談到的「未完成效應」，即是討論在這種狀況下，我們可以做些什麼，來讓未完成的得以完成。

和情緒對話

憂鬱從心口上的破洞灑了進來。

輕飄飄地，

以指數型的成長速度，

直到堵住我賴以維生的孔。

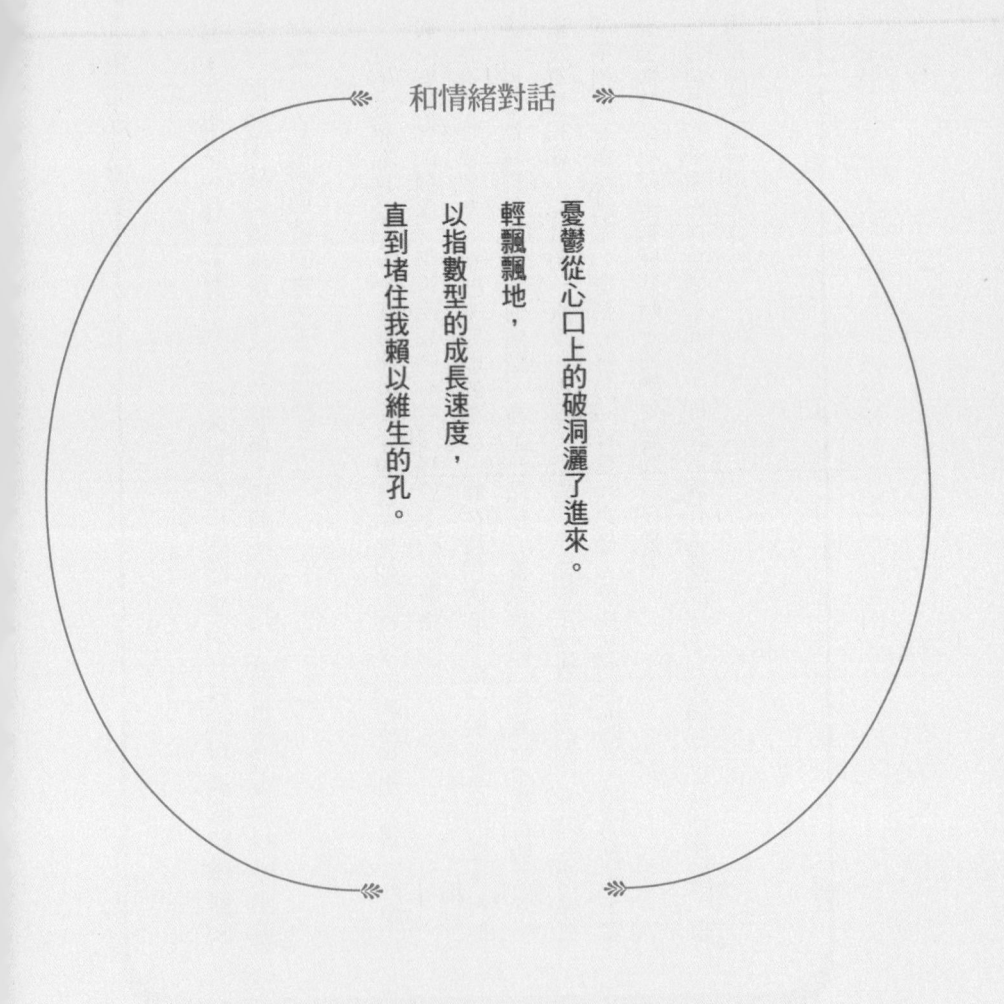

32 浮萍效應

不理會的憂鬱，終將積累成疾

有一段時間，我注意到自己變得特別容易流眼淚。看電影的時候哭，上班的途中聽到廣播有所觸動也哭，下班後也會莫名疲累地想掉幾滴淚。我想起一位精神科醫師曾經說，這種感覺就像胸口被一隻蝙蝠給佔據了，牠在那片黑暗中拍拍翅膀，你強烈地感覺到牠的存在，卻不知道該如何形容牠，更不知道該如何把牠請出來。你感覺自己做事提不起勁，腦袋和反應變得遲鈍，想要吃東西和睡覺，或者不想吃東西和睡覺，你覺得自己的生活不一樣了。

看見太陽，你不再感覺世界充滿希望；感受到黑夜降臨，你則彷彿被捲入融為一體。是的，這種感覺，就是憂鬱了。

拿掉「憂鬱症」的最後一個字，憂鬱變成一種普遍存在於我們情緒底層的色調。它是一片我們隨便翻個身就可能跑出來的顏色，重點是，你能不能看見那色彩的迷霧背後，畫的究竟是什麼呢？

說出來，看見我們身陷迷霧的起源

阿清是一名認真工作的上班族，活到三十多歲了，從來沒有交過女朋友。同事曾經幫他相親，但被介紹的女生大多評論阿清「太過老實木訥，相處起來沒什麼感覺」。時光蹉跎，周圍的朋友陸續成家了，阿清還是沒能遇到他的真命天女。

某天，阿清收到一封陌生的手機訊息，對方彷彿與他十分熟悉，但他卻想不起來這是哪位朋友？阿清於是回撥電話，接電話的是一個清脆女聲，聊了一會兒，才發現對方是傳錯訊息，但因緣際會，阿清便認識了這個名叫妙妙的女孩。

妙妙個性開朗，即便是初次通話，卻能和阿清聊上三個小時，阿清從沒有過與女性如此親近的經驗，心裡暗自對妙妙產生好感。妙妙也留意到阿清的情愫，日後常常打電話來陪阿清聊天，雖然電話中大多是妙妙說、阿清聽，但兩人越聊越近，終於相約見面。見面第一天，妙妙就主動拉了阿清的手，阿清聽到自己強烈的心跳聲，他戀愛了。

壓力逼出了我們內心深處的憂鬱，將眼前的世界繪成一片深藍。
試著為自己做些什麼，因為覺察與行動，總是帶給我們力量。

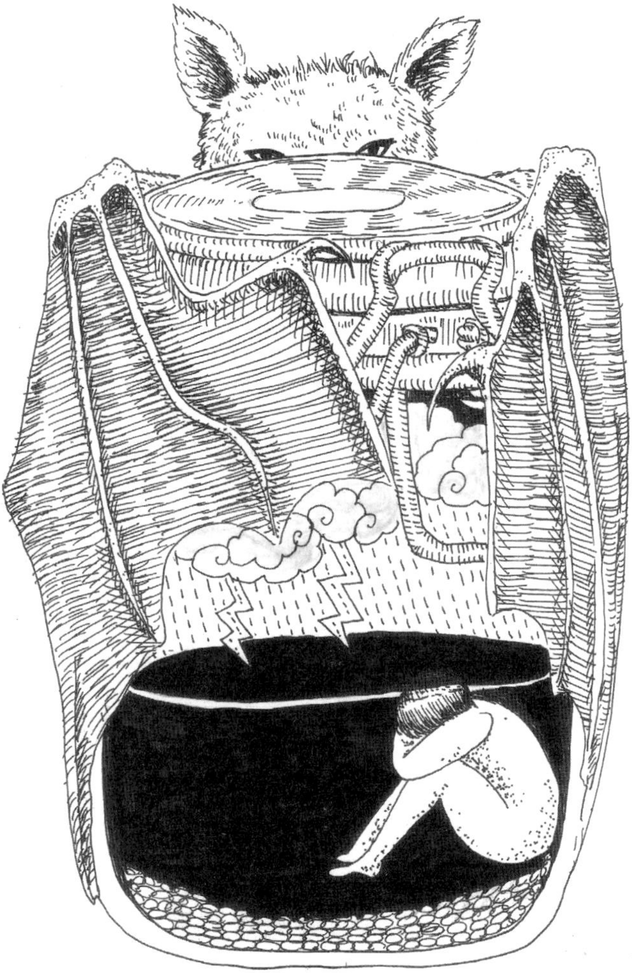

阿清和妙妙開始交往，可是除了牽手以外，每當阿清想更進一步親近妙妙，她總是會躲開。阿清問妙妙是不是有什麼顧慮？妙妙回答，自己家裡有臥病在床的老父，所以總要為了父親的醫藥費打好幾份工，只要想起受苦的父親，她就無法開心地與阿清談戀愛。阿清天性單純又善良，對男女之事本就一竅不通，聽到妙妙經濟有困難，馬上詢問妙妙是否需要幫忙？

妙妙在半推半就下，向阿清借了一百萬。這是阿清辛苦多年攢下來的血汗錢，妙妙說等父親病好，一定要和阿清結婚。只是當阿清把款項領出來拿給妙妙後，這個女孩就人間蒸發了。

阿清失戀了，連帶失去所有積蓄。他更認真地投入工作，忙到幾乎在公司裡打地鋪，只想把失去的錢賺回來。大家都感受到阿清的異樣，但有人問起，他都堅持說自己沒事。終於有一天，阿清工作累倒了，被送進醫院，與他最親近的同事來看他，他才將這段慘痛的戀愛經驗全盤托出。

後來，阿清被轉診到身心科，透過談話，整理這段時日以來所受的委屈。

最後他決定報警，縱然錢可能拿不回來了，但為自己做點什麼，讓阿清覺得自己或許也有能力，跳離那段充滿不堪的回憶。

在你為自己做些什麼的那一刻，重新找回能量

不論人生有多麼順遂，我們總會遇上幾顆障礙的巨石。有些是高處滾落下來的落石，還來不及看清楚就砸得你頭破血流，有些則是硬生生地擋住你必經的道路，怎麼搬也搬不走。我們困在這些處境中，壓力逼出了我們內心深處的憂鬱，將眼前的世界繪成一片深藍，藍得好像看不見盡頭，擋住了原本清晰的生涯方向。

我也有過阿清的低落，或許你的身上也曾經發生。我們低落的原因可能大不相同，灰心沮喪的感受卻總是相仿，最後也常常是類似的結局：說出來，重新整理，看見我們身陷迷霧的起源，然後做些什麼，讓自己可以好過一點。

多曬太陽、多運動都有幫助，但我更相信「解鈴還須繫鈴人」，所以不要輕易放棄自己表達的權力，否則低落的狀況持續超過兩年，就會逐漸累積成心理上的疾病。而往往，這種後天發生的事件，我們是有機會找到令自己含冤的源頭，試著為自己做些什麼的。

做些什麼，事情不見得就能重來、就能有所改變，也不見得能讓你沉冤昭雪；但在你為自己做些什麼的那一刻，你起碼可以開始重新找回能量。覺察與行動，總是帶

給我們力量。

覺察是什麼？覺察是一種自我整理，當你整理自己夠清楚時，就會知道自己真心想說、想做的，知道怎麼讓自己問心無愧。然後，覺察後的行動會讓你如釋重負。

【浮萍效應】

當我們太輕忽憂鬱的破壞性，或是放任自己心情低落而不搭理，最後意識到危機突然來襲時，可能為時已晚。

「浮萍效應」最早的概念是：當池塘中出現了幾片浮萍時，最初根本沒人注意，但由於浮萍是以倍速在成長，等到大家開始注意時，池塘往往已經長滿了整片浮萍。這個概念原是提醒人們防微杜漸、防患於未然，在這裡則將「浮萍效應」引用來談論憂鬱的破壞性。

和情緒對話

我和你和我和他之間，
一條軌道無聲穿梭。
火車隆隆地過，鑽進我的感覺，
揚起漫天沙塵，矇住心的視線。
嘿，你在哪裡而他又在哪裡呀？
那不重要。火車說。
重要的是，我在哪裡？

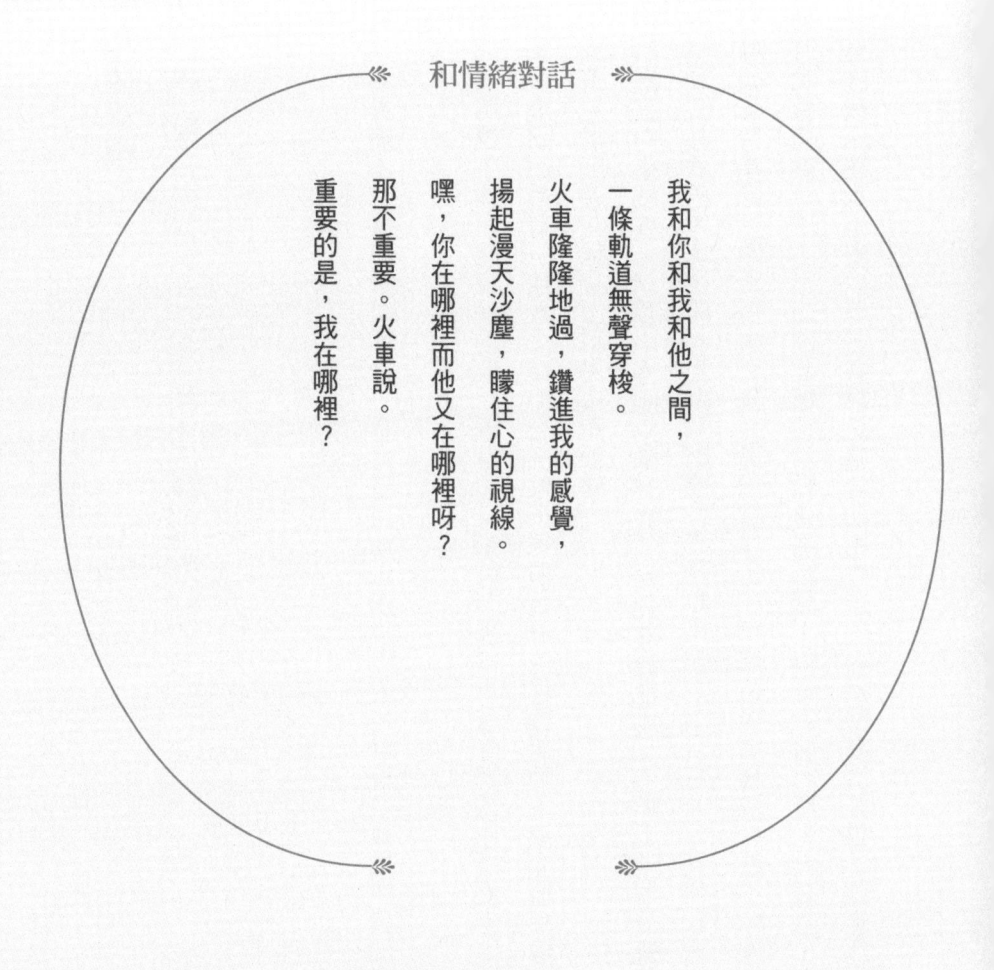

33 時光機效應

明白情緒往往不只是當下感受而已

天氣逐漸炎熱，野外的飛蚊驅光，堂而皇之地入到室內，在黑暗中尋找散發熱氣的人類肢體。

夜半的臥房裡，睡在我身邊的伴侶總是起身滅蚊的那位。或許因為他是夏天生，體內的熱氣對飛蚊而言有一種致命吸引力，蚊子總環繞著他伺機而動，或在他耳邊嗡嗡作響，或瞥見縫隙就在他身上鑽出幾顆紅腫。

伴侶的感官向來敏感，深眠中亦能感覺到蚊子如大敵般進攻，「啪！」地一聲開了燈，一雙利眼盯著偌大的空間，想要揪出擾人清夢的凶手。

我和周公交情甚深，即便飛蚊在我耳邊嗡嗡呼喚，我總是用手腳拉直被子，掩住自己的雙耳和軀體就算了，不想因此犧牲半點休眠時間。但是當房內燈光大亮時，身旁的「殺氣騰騰」讓我不安於夢，就算是腦袋如鉛般重，心靈深處卻飄出一股應該起身和伴侶共同殺敵的自我要求。

好像要這麼做，對方才能知道我的重視？

幾次我晃著腦袋離開床鋪，踏沒兩步路就雙眼發黑，勉強自己表現出強大的戰鬥力（和假動作），撐著眼皮幫忙搜索蚊子的蹤影：四方牆壁、高聳的天花板、窗簾、衣物……，那狡詐的小黑點卻隱沒在我們看不見的暗處。功敗垂成，關燈，嗡嗡響聲又起，開燈，又關燈，再開燈……

伴侶耐心堅決，誓不殺蚊不罷休，我是滿心徬徨，只盼燈光快快熄去讓我重回周公懷抱，又因深知飛蚊叮咬的目標大多是身旁那位，制止滅蚊行動似是背叛，獨自睡回夢鄉又彷彿自私不已。

一種惱人的糾結感，讓我睡也不是、不睡也不是；直到天露曙光，只能心有不甘地離開睡床，對其實沒有叮咬我的飛蚊感到生氣。

這樣的夫妻互動維持了好一陣子，直到這兩年更懂得「情緒背後必有脈絡可循」的道理，於是每當這樣的夜晚過後，清晨攬鏡梳洗時，我開始回顧前一晚我與他（和蚊子）的互動，讓每一個動作和語句如畫面般從自己腦袋流過：他做了什麼？我做了什麼？我的感受是什麼？我的想法是什麼？我的擔心是什麼？我的開心與不愉快是什麼？……

我發現自己內在對於人與人之間關懷與理解的重視：就算是現實中身體疲累，也要逼著自己離開床鋪來「給出」關懷；就算昏睡中已語無倫次，也要強迫自己吐出幾句關心來「表現出」理解。

這是一種耗費力氣的自動化行為，好像要這麼做，對方才能知道我的重視；好像要用力地表達重視，對方才會感受到我的愛。好像要這麼做和這麼說，我們也才有機會獲得對方的愛與重視。然而，這種心理負擔是從哪裡學來的呢？

仿造童年時母親愛我的方式

我突然想起自己的母親，想起她對我們的付出，想起年幼時，如果深夜的臥房裡有蚊子，母親一定是不顧己地起身撲蚊而讓我睡著。

有趣的是，母親的付出並沒有把我養成一輩子安穩睡著的人，成年後的我遇上相似的景象，卻是選擇起身陪伴對方一同向蚊子宣戰——即便現在的枕邊人其實是為他自己撲蚊，而不是為我。

我自動化地坐上時光機，仿造童年時母親愛我的方式。藏在心裡的真心話卻是：「哎唷，別管了，趕緊睡吧！」

或者這句話，是我童年時就想對母親說的。然而，那份為了子女付出的赤誠心意，怎忍心用這種無情話語來潑她冷水呢？

發現這點以後，我心裡升起了對母親的敬意與感激。同是蚊擾時，才理解她在我身上耗費多少心力，而成年後的我，常常對這些是不領情的。我更常用理智上的邏輯，去檢討母親這些行為對我的性格造成多少負面影響，而少了用心去感受，這些舉動是一個內在充滿母性關愛的人，多麼努力才能造就的奇蹟。

在母親如此縝密的教養下，被束縛的感覺固然少不了，我卻盲目地略過童年的自己雖然少了些自由，卻換來成年後的更大好處。甚至常常忘記自己已經長大了，可以當一個自己想要模樣的大人。

覺察之後，我開始學著尊重自己的心意，之後便鮮少在夜半時勉強起身陪伴侶打蚊子，眼皮好像逐漸適應開關的燈光，可以和身旁的怒氣共存，繼續安穩地和我的周公打交道。等到晨間的陽光真正喚醒我時，才用一顆飽睡過後的心靈，聽他訴說昨晚的蚊子有多麼可惡。

我的內在有我的過去和我的想像，我的外在有我的需要和我的現實；同時我知道他的內在也有他的想像，而他的外在有他當下的現實。

我們同在一個房間裡，學習成為符合現在年紀的，我們自己。

【時光機效應】

透過成年的人際關係和童年的家庭關係中，雷同感受的覺察，來強化現在自我與過去自我之間的連結。

一般來說，最早關注於童年經驗對成年後性格影響的，大概就是精神分析的創始人佛洛伊德了。佛洛伊德曾經提過「六歲定終身」，意思就是那些越早年的、被潛抑的創傷經驗，對人日後的影響越大。

近年的心理治療理論開始對此觀點有了修正，結構派家庭治療的創始人米紐慶

（Salvador Minuchin）這幾年所發表的研究中，認為我們若想理解自己在關係中的行為互動模式所為何來，只要對童年經驗進行「焦點式的探索」就可以了。亦即，對關係互動中出現問題的行為模式，進行脈絡性的了解，明白這些行為模式對自我的意義，自然能夠產生看待問題的不同觀點，進而解決有問題的互動。

這裡談到的「時光機效應」，涵蓋了佛洛伊德「童年經驗對成年生活的影響」，以及米紐慶「對導致困擾的互動模式進行過去經驗的焦點式探索」，才能把時間軸拉到現在，做出最貼近當下自我的選擇。

和情緒對話

當你選擇相信，相信將帶來肯定，
肯定激發你變得堅強，
你的堅強讓你兌現了你的相信。
當你選擇懷疑，懷疑將帶來猶豫，
猶豫促使你袖手旁觀，
袖手旁觀讓你實現了你的懷疑。

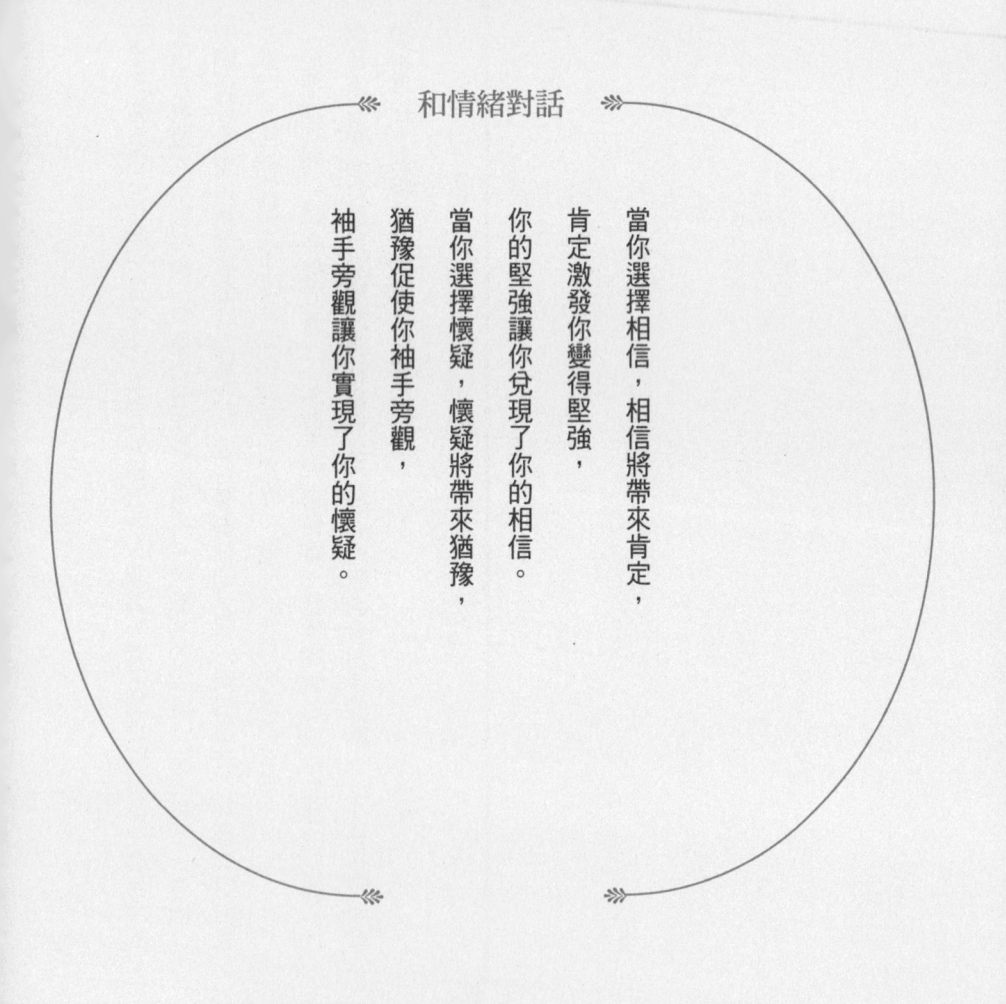

34 漣漪效應
執起一份感恩，好事也跟著發生

每個人的個性中，都有外人所不知的眉眉角角。身為一名個性彆扭的箇中好手，我也常常因為性格中的扭捏，鬧出許多連自己都覺得有趣的笑話。旁人看了會覺得奇怪，不理解其中的癥結點在哪裡，或許只有身在其中的當事人才明白，某些內心糾結的關卡，真的不是輕易就能跨過去的。

這裡頭到底出了什麼問題呢？為何對大部分人來說能簡單做到的事情，對某些人而言卻是如此困難呢？

有了錯誤設定的一段關係，便無法自在地與對方相處

決定和先生結婚的那年，我年紀還輕，正在研究所裡修學分。為了方便工作和念

書，我們在學校附近租了一間大套房，和一對也是年輕夫妻的房東同住。

先聲明，我的房東先生太太，人都非常好，既隨和又好相處，常常在家裡煮一些好料，讓忙碌的我們不用天天外食。但是，和他們同住的這一年，我心裡一直藏著一個祕密，至今都不曾讓他們知道。

這是一個關於洗衣服的故事。我的房東們因為平日也在上班，回家後亦是身心疲累，處於想要好好放鬆的狀態，所以跟我還住在老家時有一個相同的習慣：把衣服放進去洗衣機裡頭洗，接著開始做自己的事情，就忘了衣服還泡在洗衣機裡面。有時，他們的衣服擺在洗衣機裡好幾天，就會遇到我剛好也想洗衣服的時候。

我曾經在幾次演講時，問過現場的朋友這個問題：如果你們遇到這種狀況，會怎麼辦？

有些朋友覺得我這個問題很奇怪，不就跟房東說一聲就好了嗎？不然，把他們的衣服拿起來放在旁邊不就好了嗎？這有什麼好困擾的？

告訴你們，我超困擾的，第一次遇上這個問題，我想了三天才想到要怎麼處理。

首先，我找了一個房東還在上班的時間，打開洗衣機，量好裡頭的衣物所在的水位，以及水面上殘存的泡泡量，接著把水裡的衣物按照原本交纏的模樣打撈上來，暫放在旁邊水桶裡。然後把自己的衣服丟進洗衣機快速清洗，脫水後趕快打撈上來，再把房東的衣服放回洗衣機，把水位和殘存泡泡復原。完工。

我用這種方式洗衣服洗了一年，直到搬家，房東都不知道我這麼做。

「為什麼要搞得這麼麻煩呢？幹嘛拿起來還要放回去？」

「請房東趕快洗一洗不就好了？」

講座上和聽眾分享時，大家七嘴八舌地出主意，偶爾才會遇上幾位和我一樣糾葛的朋友，用同理的眼光水汪汪地看著我。

從原生家庭找回一些美好，對人生有難以想像的修復作用

是什麼東西卡住了呢？我努力回溯記憶中，沒辦法言行一致、心口合一的自己。

我想起小時候，早晨的餐桌上，每天固定擺著一杯克寧牛奶，打進一顆生雞蛋，這種吃法對我而言腥臭無比，卻是母親眼裡營養的佳餚。但不知為何，當時的我就是不敢提出質疑，或許覺得自己說了也沒用，抑或覺得說出感受會造成對母親的不敬。於是我總是趁著母親上樓換衣服時，偷偷把牛奶倒進水槽，然後趕快把水槽底部的殘

渣清理乾淨，等母親下樓時，再裝成一副剛喝完牛奶飽足的模樣。我用這種方式迎合母親，而它也成了我成年以後的重要生存法則。

剛成為心理專業人員的前幾年，這段童年回憶在我心裡甦醒，讓我將自己與房東相處的行為模式，與對待母親的方式相互連結，我開始怪罪於母親，認為她或許就是我彆扭行為的主要來源？

然而，等我更年長一點，卻發現自己將這兩者做連結的邏輯，根本是有問題的。首先，客觀來看，房東太太身上其實沒有任何與我母親相似的特質；其次，我不自覺地將房東擺上高自己一等的位置，所以完全無法與他們建立正常的平等關係。

搬出房東家以後我才逐漸明白，如果一段關係的開始，就有了這樣錯誤的設定，我們當然無法自在地與對方相處；這不見得是因為對方做了什麼，而是我們心裡缺乏信任關係的基礎。

這就是為什麼我總是要鼓勵大家回頭去解決與父母的問題，在我的經驗中，當我們能夠從原本覺得傷痕累累的原生家庭中，重新找回一些美好，對我們未來的人生，將有難以想像的修復作用。

換句話說，倘若我們讓自己的內心停留在幼年的經驗中，小時候的挫敗便會擴散為成年的挫敗，甚至擴散成一輩子的失敗。因為我們這麼定義自己，我們的人生也變成一波推動一波的漣漪效應。

自從我向母親表達過克寧牛奶生雞蛋的心情後，這幾年來，我看見母親開始留意我的飲食喜好。有一陣子，我很喜歡吃某家西點麵包店中，一顆一顆小小圓圓的奶油夾心餅乾，而且偏好草莓口味，於是我家的桌上，就常常放著母親送來的同款糕點。

只是，草莓餅乾帶來的漣漪效應，讓我好不容易減去的體重，又逐漸胖了回來。沒關係，我安慰自己，這是漣漪效應下的「幸福肥」。

【漣漪效應】

情緒就像病毒，會無意識地在人與人之間傳遞；同樣的，不論是正面情緒或負面情緒，也會在我們自己的內在心智之間相互傳遞。對自己的定義，影響我們如何面對這個世界；對家庭的定義，影響我們如何看待關係。

羅吉斯將「現象學」的概念應用在人本取向的心理治療實務中。「現象學」概念談論的是，內在主觀如何影響對外在刺激的解讀；而人本取向心理治療的觀點，又認為外在環境的好壞會影響我們主觀世界的認定。綜合這樣的討論，我們會發現，「內心世界」與「外在環境」本來就是一個交互作用的歷程。

這裡所提到的「漣漪效應」，即延續這個整合概念而來，探討我們如何透過發現外在環境的正向因素，來做為內心正向情緒的基礎，持續形成一種能將負面情緒往正面提升的循環作用。

重建安全感，可以做的8件事？

1 **擁抱你自己**。即使沒有人擁抱你，你也要知道，房間裡的哪顆枕頭讓你抱起來最感舒服？

2 **凝視你自己**。從鏡子看進你的瞳孔裡，藏在深處的你自己。用理解的、接納的、包容的，你的心靈。

3 **尋找一個可以信任、可以說話的人**。你可以不要一下說太多，但卻不能不去嘗試，懷抱願意相信別人的希望。

4 **尋找一個屬於你的安全基地**。可能是山裡，可能是海邊，可能是城市裡的任何一個角落，你會明白，在自己脆弱時，不是沒有一個地方可以去。

5 **知道自己渴望的、帶有慰藉功能的飲食**。平常不需要多吃，狀況不好的時候，一吃就會想要落淚。每個人的生命中都該存在這樣的奇幻食物。

6 **理解自己的缺乏與失落**。不要排拒過去不愉快的經驗與回憶，理解那些，就等於更貼近你自己。

7 跨出哀悼的行動。有些東西，不管再怎麼渴望，這輩子或許就是不可能擁有了。找個哀悼的儀式，讓人生有新的可能、新的渴望。

8 做些你想做但不曾去做的事情。你會明白，雖然無法改變過去，但每個人都有資格創造並擁有一個新的人生。

人的心中彷彿一直有一片荒蕪的夜地，
留給那個幽暗又寂寞的自我。
——佛洛伊德——

綠蠹魚叢書 YLNA53

情緒寄生

與自我和解的 34 則情感教育

作者／許皓宜
繪圖／蔡杏元

資深主編／鄭祥琳
封面設計／謝佳穎
內頁設計／陳春惠
行銷企劃／鍾曼靈
出版一部總編輯暨總監／王明雪

發行人／王榮文
出版發行／遠流出版事業股份有限公司
地址／ 104005 台北市中山北路一段 11 號 13 樓
電話／ (02)2571-0297　　傳真／ (02)2571-0197
郵撥／ 0189456-1

著作權顧問／蕭雄淋律師
2018 年 10 月 1 日 初版一刷
2023 年 7 月 25 日 初版二十刷
定價／新臺幣 340 元（缺頁或破損的書，請寄回更換）
有著作權 ・ 侵害必究 Printed in Taiwan
ISBN 978-957-32-8371-3
遠流博識網 http://www.ylib.com E-mail: ylib@ylib.com
遠流粉絲團 https://www.facebook.com/ylibfans

情緒寄生：與自我和解的 34 則情感教育／
許皓宜著 . -- 初版 . -- 臺北市：遠流，
2018.10
面；　公分（綠蠹魚叢書；YLNA53）
ISBN 978-957-32-8371-3（平裝）
1. 分析心理學　2. 情緒　3. 個案研究

170.181　　　　107015886